茗边怪谭

黄恽 著

南京大学出版社

序言

这是我的第十本文集,也是第九种掌故集,取名为《茗边怪谭》。

人,生在当下,却喜欢回望。从时间和空间来讲,不仅是望身后,还有望过去,这与一切向前看的时风有点违忤,也顾不得了。兴趣驱使,或者说不愿面对现实,一直是我的问题。然而也不能闲着不说点什么,那就不妨讲古吧。

苏州人喜欢喝茶,每当朝暾初上或夕阳西下,联翩至街头巷尾或观前太监弄,相约朋侪,高谈阔论。茶馆乃苏州人的天然会所,或称俱乐部。当年最高等的茶寮,就在太监弄的吴苑深处。

吴苑深处早先不过是一个破旧茶肆,叫老义和,主要靠说书招徕生意。在20世纪二十年代前后,被凤凰街陆氏买下后,始改名吴苑深处。茶馆品茗,也以类聚。吴苑深处中间的方厅,教育界中人恒聚于此。东边是爱竹居,警界中人和政界人物都喜欢在此喝茶。爱竹居楼上叫话雨楼,则为叉麻将之啸侣呼俦者的场所,颇像如今的麻将馆。西边是四面厅,容积略大,啜茗者有律师、书画家、绅士,如张一麐、张一鹏昆仲,亦常来此。吴苑深处之所以会吸引这么多人,主要还在于它处在城市中心,是一个舆论场,每天的各种信息在此互相交换;其次,当年苏州无自来水,吴苑深处的茶水都是出重价叫担水夫从胥江口取水担水(后来用手推车)入城,水质明显比城河或井里来得好;另外,吴苑深处的点心甚佳,苏州人喜食的有大饼、粽子、斗糕、烧卖等,价廉而物美。

我常常想,如果我赶上那个年岁进吴苑深处,该选择哪个厅、哪个居?做茶楦头,待一整天,还是每天晃一晃,博取些社会新闻?

后来,市民没有了空闲时间,要出工,要学习,要开会,要劳动,各处的茶馆也少了。每个乡镇一般只保留一处老虎灶,破旧的桌凳,暗淡的屋宇,褴褛的人们从天不亮就起身喝上口茶,天一放亮,就得回去上工了。

20 世纪七十年代,我生活在江南的一个小镇浦庄,那里就有一座破旧的茶馆,清晨昏黄的灯光下,坐满了不知从哪里冒出来的老人,一例是老而穷的男人,在柴烟、晓雾和热气的氤氲中,嘈杂而黯淡,然而不久也拆毁无存了。我只是上学背着书包走过,从未进去,却也窥见了一点真实的世相。

在我的时代,取代茶馆的是这样一幅场景:每天清晨,当鸟儿出巢在树梢议论纷纷的时候,居民们各自提着吊桶和盆盆罐罐、洗涤物件,向井台走去。大家会聚在井台周围,一声招呼,开启了一天的纷扰与安宁。这里就是一个舆论场,伴随着吊桶上下,碰击井栏的声响,洗涤的水声,倒水的哗啦声,妇女儿童的吴侬软语在街巷的公共舞台——井台边喧哗。这是一幅俗世风情的画面,井是这幅画的中心。

陆文夫先生在小说《井》中说得更俏皮——井是"信息中心的召集人",专门提供有关饮食男女方面的消息。"阿婆和阿姨们到井边来集会时,总是不慌不忙,先把菜篮、木盆、搪瓷盘、塑料盆、吊桶等放在条石上……"信息中心就开始营业了。然而,这里没有茶的位置,也未免太市井风了。

在我的生活里,很少有时间待在家里和朋友一起喝喝茶,叙叙旧。因为当年的家实在太小,且聊天的朋友也需有感兴趣的共同话题,还不如与茶杯默然相对、与茶水冷热相知来得率性。"举杯邀明月,对影成三人",李白也是这么寂寞着的,吴苑深处那样的放松与喧嚣终于成了苏州人的一种记忆。

一杯茶,一台电脑,一个人,论奇说怪,茗边怪谭,就此开场吧。之所以称为怪谭,别无深意,只不过说的都是别人不注意的地方,与常谭相比多少有些怪,个性使然,喜好搜奇谈怪而已。

书分三辑,辑一曰"瀹茗",辑二曰"奉茶",辑三曰"啜饮"。

目录

辑一　瀹茗

房紫笔下的张爱玲　　　　　　　　　003

郑逸梅、黄转陶舞文惹祸　　　　　　020

胡适的一次"高级娱乐"　　　　　　　027

东吴大学的奇才怪物　　　　　　　　034

谢冰莹戏说，单秀霞怒怼　　　　　　052

常任侠南京遇丁玲　　　　　　　　　061

辑二　奉茶

张爱玲书事撷拾　　　　　　　　　　075

《胡蝶辟谣》背后的另一种内幕　　　090

文载道与武书盈的喜怒哀乐　　　　　107

平襟亚寓苏趣闻	119
"歌舞皇后"浦惊鸿	131
白莲的《江湖日记》	141
章衣萍小说《友情》索隐	148
狼虎会的饕餮大餐	165
迷失在都市里的金岳霖	176

辑三 啜饮

苏州金门三章	185
苏州的丰备义仓和吴县粮仓	200
云锦公所的崩解	213
前门裁缝铺,后门"小飞虹"	224
阔家头巷和阔街头巷	231
自由农场往事	236
王引才怒沉五通神	245
同治元年横泾镇的"押字宝账"	252

辑一 | 瀹茗

房紫笔下的张爱玲

当今这个时代,张爱玲已经成为一种文化现象,文坛内外都有一批"看张"的人,参与着每一次对张爱玲"文墓"新的发掘和整理。作为其中一员,我前几年写过一本《缘来如此》,由福建教育出版社出版,集合了我对张爱玲、苏青和胡兰成三人之间的离合因缘的探求,由此深知新的发现已经困难重重,但功夫不负有心人,"上穷碧落下黄泉"的搜求,给了我发现遗珠的机会:它来自一本1944年1月问世的《淮海月刊》。

在徐州编辑、南京出版的《淮海月刊》是一本罕觏的刊物,存世量稀少,曝光率更鲜。这本由中共地下党员高汉发行的刊物,诞生在汪伪政权末期,郝鹏举时任淮海省主席(省会徐州),共出刊八期(其中八、九两期未出,而第十期后停刊),里边居然首刊了张爱玲的作品《谈画》。为什么远在徐州的刊物,会出现张爱玲的文章呢?我有幸看到了这本杂志的几期,其中有一篇署名房紫的特稿《徐州·南京·上海》,揭示了《淮海月刊》与张爱玲的特殊关系。

房紫在文中记述了他作为杂志编辑者,受高汉的委托到南京、上海两地向作家约稿的经过,此行目的为:"六月中旬,预订了南京上海之行,看看文化界的空气,再想请几个人写一点文章。"这里集中谈谈房紫与张爱玲的两次见面。

这个访问,为研究者提供了一份1944年初夏张爱玲的珍贵纪录。

初访张爱玲

房紫在南京见了胡兰成、池田笃纪和樊仲云,然后和胡兰成夫妇(胡兰成、应瑛娣)一起来到上海:"火车带了一天梅雨把我运到上海,车中与胡夫妇谈天说地,却也免除些寂寞。"

第四天(六月廿六日)的上午去看张爱玲:

> 终于挺了腰按照地址去找,事先胡与张有一个联络,一路走着,一路想这样有过接洽大概总能好些。
>
> 到了静安寺赫德路旁找到了那所公寓,一走进去,电梯门锁着,这就有意思了。从一层爬到六层,天热,

自己到上海患了轻性的痫疾,精神渐次不济,亦只好听其如何地走到第六层,我在门口足足休息了五分钟吧,抹去了额上的汗才叩门进去。在沙发上坐下来的时候,眼睛似乎昏黑得一塌糊涂,话说不出口,这似乎有些难为情。

我向来不十分善于词儿,在气急败坏的情形下话当然更说不出来。忽然自己又想到在这年头应付人本来是件哭笑不得的事,不能不克服自己的弱点,于是乎竭力镇静了一下,但最后仍有半晌待着。

主人坐在我的对面,很安详地等我启口。文学者也许比凡人更灵感一点,似乎观察出我的毛病,他先笑盈盈地说了:

×先生从徐州来吧?很挤?这公寓现在的时间还没有电梯,走上来很觉得累?

我还是看了他半晌,没有说得出适宜的语,最后进出来:

徐州来,车上挤。请指教罢!

如此又沉默了一下。看看屋子的情形,有两张很好的油画,一幅是航轮的尾部,一幅是人物,后来知道是他母亲的作品。会客室很宽广,简洁而清静,几乎全部可以接受空间的光线。

××先生你府上哪里？

他（她）看我不说话，又发问了，这有些像姐姐在问从远方回来的弟弟的口吻。

××，上海下去第一站就是。

那你的普通话说的不错了？

在外面走惯了，北方话也逐渐会说些。

最后我请她写稿，请她指教，出乎意外的她都应允了。

就这么不在二十分钟吧，看看自己的任务完了，起身告辞。

这是房紫初访张爱玲的纪录，两人还是第一次见面。房紫带着初见女作家的尴尬和爬楼的疲累，见到了像姐姐一样的张爱玲。张爱玲当时住在赫德路的公寓六楼。赫德路即现在的常德路，公寓原名爱丁顿公寓，现名常德公寓，是张爱玲住得最长久的公寓，建成于1936年，由一位意大利建筑师建造。这幢公寓有电梯，却并不是整天都开，所以爬楼把房紫累到话都说不出。作者观察到，张爱玲住所的客厅很宽广，里面挂着她母亲的两幅油画，给人的感觉是简洁而清静。张爱玲对作者很亲近，像邻家姐姐，对约稿一口答允，或许是因为胡兰成的面子吧。这里作者有时把张爱玲称作"他",笔者擅自加了个括号注明,非原文所有。

和胡兰成谈张爱玲

告辞了张爱玲,作者又回到胡兰成的寓所,于是有了一大段关于张爱玲的谈话——

> 到胡先生寓所,一见他,惊异地问我:
> 有这么快?不到一刻钟吧,谈了些什么问题?
> 我把气急败坏的情形说了一遍。
> 他忽然大笑起来,笑完之后,很浓地对我说:
> 有一次,上海有几个"作家"联袂去看张爱玲。他们走了六层楼已经把全身力气消耗完了,谈话的时候,他们把态度故意弄得很自然、漂亮、大方。约莫连讲了一刻钟罢,把一些大道理都搬了出来,张一句话也不说,只是含笑看着他们,招待他们。……这样一来,"作家"们觉得空气不对了,逐渐萎缩起来,弄得非常尴尬。自此以后,他们就有裹足不前之势。
> ——不过,这六层楼之对付我真也不免冤枉呀?
> ——这自然有些对不起你,恐怕这时恰恰没有电梯。不过,拿这事来对付一些扭扭捏捏的人倒是好的。

第二天上午一早我见胡先生,他又特别说:

——张爱玲说很对不起你,不过你的话似乎太少了,她以姐姐的姿态来招待你!

——她的年纪不是看样子比我大一些吗?

——你几岁?

——二十五。

——恐怕她仅有二十三吧!

我微微一怔。过后又想到这空气之下有好些是"多愁善感"的,在中国产生这样的女性原是不足道,有好些女青年的作为与行品使世界任何一国开明的人物要感到万分的惊奇。

——她读书在香港大学,出身是北京附近的一个小村庄里,父亲是前清的官吏……

房紫纪录胡兰成对张爱玲的介绍,恐怕有些隔膜,出身在北京附近的一个小村庄里的是指她的爷爷张佩纶,地点是河北丰润,前清官吏也是指张佩纶而不是她的父亲张志沂。张志沂生于1896年,恐怕来不及在1911年前做清朝的官吏。

胡兰成口中讲的几个"作家"去看张爱玲的故事,很可能是指几个作家爱惜新进作家名声,前来规劝她不要附逆、不要给汉奸报刊投稿、不要和附逆文人来往(讲大道理)而受到张爱玲漠视的事情。张爱玲一贯远离政治、远离是非,葆有自我的态度令人印象深刻,那是还只有 23 岁的张爱玲。

再访张爱玲

再访张爱玲原约在起士林咖啡店,结果仍改为张爱玲的寓所。房紫写道:

> 第二次见张爱玲,是在中午。原约定起士林咖啡店,有一个主要的客人要相见,为了起士林装修内部,在门前等急了,就与胡一道拥进公寓。
>
> 这一次胡为了主客有病,特意要开电梯。工人开了电梯上去,省时省力得多。
>
> 这位客人是奇异的人物,"工愁善病",起初还不肯来,后来我再四敦促她,才算与胡张见面了。
>
> ——病得很凶吧?你不愿意人家干涉你,现在人家却偏要来干涉,真是对不起!
>
> 胡首先在沉默中打开说话。
>
> 她只有浅笑,没有说话。

有张爱玲与她谈话,虽很少几句,也有特别好的情调。

我告诉张,有一篇《烬余录》给她译出刊登于《大陆新报上海版》。

说些很小的事。

听说你有肺病吗?你光注射维他命B是不够的,我有"卡尔辛"的针药,那是德国的货物,现在恐怕买不到,我送你一些吧,如果注射的成绩很好的话,可以全部送给你。

胡忽然说起来,写一纸片,要我到他的寓所要来送给她。

在如此空气下,客人也不能无动乎中,表示了感激之意,于是大家分手。

谈话的时候,大家说到病的问题,胡先生说自己害病,倒马马虎虎,看到朋友害病,忧愁就特别厉害;我接上去说:

我也似乎有如此的感觉,自己病得怎样厉害也并不在乎,人家害病看见了就急坏!

你倒很不自私!

张说。

这是再访张爱玲的经过,很奇怪地出现了一个有病的女性主客,没有点明姓名,很费猜详。

这个女客不但有病,下面说还是肺病,想必是当年肆虐的那种肺结核了,而且病得很凶。不过,肺结核是一阵一阵发作的,在发作的间歇,完全可以像正常人一样生活。这个女客是房紫再三敦促而带来的,算是张爱玲的"粉丝"吧。其间,房紫讲到"给她译出《烬余录》刊登在《大陆新报上海版》"一事,也是奇怪。这个她,当是指这位女性主客,是她译出了张爱玲的《烬余录》?还是这个"她"指的是张爱玲,房紫只是告诉张爱玲一个好消息?张爱玲的《烬余录》目前可以查阅到的中文版(应当是张爱玲自己写的)被发表在1944年的《天地》第五期,后收入张爱玲的散文集《流言》。此前不知道还有一个别人译出的刊登在《大陆新报上海版》。查《大陆新报上海版》,是一种日文报纸,鉴于房紫在1944年6月前并不认识张爱玲,那么《烬余录》的日文稿应该就来自《天地》刊出的版本,被这位不知名的女客人或就是房紫本人看到后译成了日文版刊出了。

简单梳理一下:《天地》的中文文本——《大陆新报上海版》的日文版——《流言》的中文文本。

据友人朱之珩提示,《张爱玲小说的日本接受史》(张妮妮《青年文学家》2015年第六期)提到有一个署名室伏克拉拉的日本人,翻译了张爱玲的《烬余录》,刊登在《大陆新报上海版》之1944年6月20—26日。那么,很可能房紫笔下的这名病恹恹的必须乘电梯才能上楼的女士,就是室伏克拉拉了。她是日本人室伏高信的女儿。张妮妮引用藤井省三《张爱玲文学在日本》一文对此人做了介绍,可参考。

再与胡兰成谈张爱玲

再访张爱玲之后,房紫与胡兰成还有一次关于张爱玲的对谈:

> 最后一次见到胡,他说起《新东方》第九卷第四五合刊版上张爱玲的一篇《自己的文章》。他说,这文字写得很好;因为李健吾在别的刊物上发表了一篇论张爱玲小说的文章,张似乎有些儿反应,写下来了,不过这文字的主题还是向一般大众说的。
>
> 我把送来的《自己的文章》读了,觉得里边有需要节录下来的:"强调人生飞扬的一面,……更喜欢苍凉。……"
>
> 作者认为:上面节录的一段,正是她的自供,大家看着这个新人的发展吧。

这一段和胡兰成谈张,又出现了难解的问题:大家知道张爱玲的《自己的文章》是针对《万象》上迅雨(傅雷)的评论文章《论张爱玲的小说》而作的回应,这里却说是李健吾的文章,是作者误记还是胡兰成提供了错误的信息,弄成了李健吾呢?还是真的还有未曾发现的李健吾的一篇文章呢?更多的可能是房紫对张爱玲的情况不太熟悉,所以写文章的时候误记为李健吾了吧,毕竟当年李健吾写戏、演戏、导戏,在沪上很是活跃,而"迅雨"是一个陌生的名字。

《自己的文章》后收入散文集《流言》,当时有人说《流言》中有一篇长文是胡兰成代作,我颇疑就是指这篇《自己的文章》,但是张、胡两人合作的可能性更大。

邵洵美对张爱玲的评价

房紫的《徐州·南京·上海》还为我们提供了"桂冠诗人"邵洵美对张爱玲的评价,这是相当珍贵的记录。

见过胡兰成之后,房紫又与他一起拜访了邵洵美,在谈话中,房紫记录了邵洵美对张爱玲的评价:

> 邵忽又说到张爱玲的文章,他口口声声说张的文章比他自己还要写得好,说她有前途,有无限止的材料

可以写,可以与中国的名作家"共入不朽"。他搬出许多外国作品,外国作家来与张比较,我不懂西洋文学,所说的名字都记不起了。

"共入不朽!"这恐怕是我们所知当年文坛上对张爱玲最高的评价了。邵洵美文学品赏眼光之佳,令人惊诧,他对张爱玲的期许完全符合张爱玲的历史定位。

作者房紫其人

房紫的这次宁沪约稿之行,最直接的结果是推出了由淮海编译社发行的《淮海月刊》革新号(1944年7月)。房紫不虚此行,拿到了张爱玲的《谈画》,胡兰成的一批文章,其中有《记南京》和其他署了笔名的文章。《记南京》一文相当精彩,里面谈到了张爱玲用英文翻译歌曲《毛毛雨》的一段说明文字,还有沈启无的《纪行诗》等。张爱玲的《谈画》一文,还是首刊,后收入散文集《流言》。胡兰成在《今生今世》中回忆编辑《苦竹》时说:"汪先生去日本就医,南京顿觉冷落。我亦越发与政府中人断绝了往来,却办了个月刊叫《苦竹》,炎樱画的封面,满幅竹枝竹叶。虽只出了四期,却有张爱玲的三篇文章,说图画,说音乐,及桂花蒸阿小悲秋。"目前所知,《苦竹》仅见三期,胡兰成所说的张爱玲《说图画》一文,并不见于《苦竹》,却出现在《苦竹》创办之前的《淮海月刊》七月革新号上,题目是《谈画》。很可能是胡兰成记忆失误,不仅把题目记错还混淆了刊出的杂志名称。或者,我们还可以推想,《淮海月刊》革新号,会不会用的全是《苦竹》第四期的稿子呢?

《徐州·南京·上海》的作者房紫,是个陌生名字,很明显是个化名,似乎也没有再出现过。不过,从行文中还是有点线索,这里略做钩稽。在文章的前面,他写过这么一句:"徐州的出路,向北到北京,向南到南京;如果两京是两极,那么徐州正是一个中心点,也许我们是江南人之故,总有心属江南的偏见;两极同时跑一趟为不可能,人固成问题,旅费也成问题,结果还是先到南方,再到北方去。"徐州历来是江淮之地,而作者自称江南人,非徐州土著可知。那么,他到底是哪里人呢?在初访张爱玲时,有这样的对话:

张:××先生你府上哪里?

他(她)看我不说话,又发问了,这有些像姐姐在问从远方回来的弟弟的口吻。

我:××,上海下去第一站就是。

张:那你的普通话说的不错了?

上海下去第一站！当年上海只有沪宁线铁路通往南京，由于火车有快车、慢车之分，每个班次停靠容有不同，所以上海下去第一站，可能是南翔、安亭、昆山甚至苏州。房紫是江南人，没有疑问。

再看他的岁数，在与胡兰成的对话中，他说过自己的岁数是25岁，还是个初出道的文学青年。

那么房紫究竟是谁呢？这个谜底可以在很多年后倪弘毅的一篇文章中发现端倪。这是倪弘毅的《胡兰成二三事》，发表在2001年的《钟山风雨》上。这篇文章说到：

> 有一回，同他一块去上海。到沪西大西路他的住所，发现有他的一个侄女，在那照料家务。又同他到"桂冠诗人"邵洵美（当时的霞飞路中段）家，一谈就是张爱玲的小说，南京中央大学校长樊仲云的事。那时中大学生正在闹政治学潮，樊与胡是浙籍同乡。
>
> 一天上午，胡与我同到起士林咖啡店左侧一家公寓的二楼。门铃响处，启门的是一个阿妈样的女佣。引进后，出来一位纤长的、知识分子气质很浓重的女士，年近30岁，那就是当时蜚声文坛的作家张爱玲。……

以上这些描写,都与房紫文章中所述近似,连当时觉得张爱玲成熟超过自己,几十年后还是这种感觉。

2009年,署名三焦的作者对倪弘毅做了一个访谈《倪弘毅先生访谈》,这篇文章进一步谈到了倪弘毅对张爱玲的回忆。兹录相关段落如下:

> 倪弘毅:我是汪伪手下中央宣传讲所第一期学员,汪伪中央宣传部的科长,当时我只有22岁。没有事情就去胡兰成那里,听他讲生平故事,他的谈吐幽默的,很有意思。
>
> 三　焦:您见过张爱玲吗?
>
> 倪弘毅:见过,见过好几次。我在张爱玲家吃过饭,张爱玲待我很好,她一看胡兰成手下的红人来了,待我很好。那时要张爱玲的稿子很难,我为朋友向张爱玲提出要稿子,她马上就写了《谈画》。
>
> 三　焦:您向张爱玲约的《谈画》的稿子,后来到她家里去取吗?
>
> 倪弘毅:她写好后交给胡兰成,知道我常到三条巷去。
>
> 三　焦:是给哪个杂志约的?
>
> 倪弘毅:是给徐州办的《淮海月刊》约的。

这里交代了他当年的岁数,也交代了他为《淮海月刊》约稿的事,并且张爱玲给了《谈画》一文。倪弘毅就是房紫已经呼之欲出了。

再来看看倪弘毅自己提供的小传:

倪弘毅:1919年出生于沪西金山泖港,1934年松江全县小学生作文比赛名列榜首,1938年抗战时在临海医药专门学校细菌室工作,后转政工队,因与国民党头目发生争执,于1939年到了上海,同年成为南京汪办中央宣传讲所第一期学员,1940年到日本,回国后担任汪宣传部出版科长。在此期间结识中共地下党员陈一峰以及胡兰成、张爱玲、池田笃纪等人。1944年冬季,在徐州参加高汉同志主持的"徐州抗战小组",主要负责策反与搞情报工作。1946年底到大连,任日报资料室主任,后任总编室编辑。1957年涉右派,下放在北山乡,参与农事劳动,1975年被召回大连,1982年,平反恢复原级别,时届退休年龄,1984年返上海,作为离休人员,一直卜居上海。

倪弘毅家乡沪西一节,与房紫所述也颇合榫。倪弘毅的22岁,与房紫的25岁相差不大,或是他在张爱玲面前故意装成熟,在虚年龄上又加报了一岁,可见房紫就是倪弘毅的笔名了。

关于《淮海月刊》

根据单国维编辑的月刊《古黄河》的"文化琐闻"记载:

> 《苏淮月刊》随同淮海省政府之成立,改名《淮海》月刊,出六期后,该月刊改组为淮海编译社,出七月革新号,倪弘毅编辑,改十六开本为十八开型,篇幅增至百页,内容多华中作品,定价储币五十元,销路并不太佳。八月后,该刊竟因种种事故而告搁浅,直到十月底始出十月号,倪已去职。闻今后决继续下去。(《古黄河》"青岛文艺"1945年1月刊)

现在可知,《淮海月刊》于1944年1月出版,总出版八期,开始几期的版权页上编辑及发行人都是高汉,发行所有两处:徐州庆云路东一三五号,南京琥珀巷四十一号。高汉的公开身份是淮海省宣传处长,隐秘身份是中共地下党员。《淮海月刊》第七期就是房紫(倪弘毅)编辑的革新号。这期张爱玲的《谈画》赫然就在其中。

郑逸梅、黄转陶舞文惹祸

吴江名士费仲深,本来住在苏州城里混堂弄,后来购得桃花坞屋,修葺整理后住了下来,现在在桃花坞就有了费仲深故居,钉了木牌。不过听人告诉我,费仲深树蔚,现在被文保所改了名,称费仲琛了。如果人有灵魂的话,我想费氏之魂恐怕在桃花坞会找不到自己的家,以为已经被一位费仲琛鹊巢鸠占了,而实际不过是被现在的专家改了名字。

作为苏州士绅,费仲深是个火气很大的人,因为和张一麐等人意见不同,曾大闹矛盾,二十世纪二十年代中叶之后,曾发誓不再管苏州的事了,从此深居简出,啸傲林泉。他有个号叫韦斋,就是因为火气大才自己起的。过去有许多叫佩韦、佩弦的人,譬如《韩非子·观行》:"西门豹之性急,故佩韦以自缓;董安于之心缓,故佩弦以自急。"朱自清性缓,就是现在所说的慢性子,就叫佩弦,用以均衡,让他遇事不要那么迂缓,动作和反应快一点;而费仲深,自号韦斋,韦是古代一种鞣熟的皮,韧而软,用以提醒自己不要轻易发怒。这里不妨再说一个人,翻译家傅雷,他也是火暴脾气,一触一跳,照理说也应该起个号叫佩韦,孰料傅雷起了个号叫怒庵,好像变本加厉似的,其实不然,庵也可写作安,怒而安,也即止怒也。可以这样说,一旦发火,就想到怒,想到怒之不妥,并以此制怒,进而止怒。中国文字有点奥妙,也有点游戏,本是文人股掌间的玩物,一玩就从仓颉玩到了现在,很有趣。

野马跑得有点脱缰了,收一收,再说费仲深吧。

费仲深对苏州文人中的郑逸梅、黄转陶两人最恨了,这不怪费仲深火气大,得怪郑逸梅和黄转陶自己舞文惹了祸,起因都与"袁公主"有关。

原来,费仲深和袁世凯的"太子"袁克定是连襟,娶的都是吴大澂的女儿,费仲深和袁克定又是亲家,他的儿子娶了袁克定的二女儿(当时戏称公主)。费、袁当年联姻,在古城苏州是一件轰动一时的大事,袁家的嫁妆奢华名贵,数量极多,浩浩荡荡,抬了一条街,苏州万人空巷,喧传一时,看客中就有郑逸梅。

别人都是满满艳羡的眼光,偏偏郑逸梅独具只眼,他别的没多关注,看到了嫁奁中的一件大玉玦。他给《上海画报》写了一篇文章,叫《嫁奁中之玦》(1926年第74期),对这块玉玦大做文章:"袁芸台(袁克定)之女公子,下嫁于费氏,早已喧传吴中,而各报上又竞载其奁物之奢华靡丽,历历如数家珍,而独有一物,未之述及。厥物为何? 曰玦是也。玦为玉质,色泽綦古,想亦数百千年物,固可宝也。然余以为奁物中可罗列诸珍,而独不当有玦。夫玦者,圆而缺也。盲传:'太子帅师,公衣之偏衣,佩之金玦,狐突遂有金寒玦离之叹。'观此则可知玦之为物,不宜于点缀美满姻缘矣。"(笔者按:成语"盲传腐史",就是指《左传》和《史记》。作者左丘明是盲人,司马迁是阉人,故有此称。这里专引《左传》,原文是:"左传云:晋太子申生帅师,晋侯佩之金玦,狐突叹曰:金寒玦离,胡可恃也。"其实也见《史记·晋世家》。)

郑逸梅是补白大王,像笔者一样好弄笔墨,一生中写了很多著作,但文章容易惹祸,只顾逞一时笔墨之快,祸机也正伏于此。人家兴兴头头地结婚,你却暗示这个婚礼不吉利,是何居心? 简直迹近诅咒了。

固然,郑逸梅也有他的道理,苏州人迷信,讲究谐音,玦音诀,诀别也,在吴语中则读作缺,而这玉玦的形状也是圆而有缺,这对于婚礼之圆满无缺来说,确实有点不够吉利。如果以苏州人的观念来说,似乎隐伏着:或男女双方死一方,或离婚,或双方不圆满等诸多意味。自古《荀子》有"绝人以玦"的说法,所以在传统观念中,玦又意味着分离、翻脸、断绝,正像鲁迅说的,中国人喜欢自己骗自己,孩子满月,如果有人说这孩子总有一死,道理是对的,但要被人吃"生活"(打也)。生活中很多事情,不能挑破,一挑破,事主的心情就会大受影响,势必迁怒到这个说皇帝没有穿衣的孩童身上,这回,郑逸梅正好充当了《皇帝的新衣》里的这个孩子。

人家的大喜事,被郑逸梅这么一说,还刊发在发行量甚大的《上海画报》上,心头就有了阴影,阖家不快。袁家是北方人,或没有这样的忌讳,只知扎台型,爱女儿,讨好亲家,嫁奁倾其所有,多多益善,哪知道江南苏州的"苏空头"会这样想这样说?作为公公的费仲深一看该文,一团高兴,也顿飞往九霄云外,简直气破了肚皮,也顾不得什么韦斋之韦了,只想打郑逸梅一顿,方泄心头恶气。然而,碰上这样住在上海的苏州文人,有什么办法呢?也只能咬牙切齿,恨恨不已,这时韦斋的号倒有点多事了。

郑逸梅在上海,从朋友处知道自己的一篇小文闯了祸,一时也不敢回苏州,生怕费仲深找人打上门来,难以收拾。

很多事情,当下难过,事后也就释然了。好在这对新婚夫妇婚后和谐美满,敬老爱幼,相敬如宾。

不料不多久又来了一件更可气的事。这回不是郑逸梅了,而是另一个星社同人黄转陶。黄转陶别名猫庵,喜欢养猫,抗战结束后,辗转到香港发展。

原来苏州人的家长里短有个发布的场合,叫作茶馆。不但富家子弟、生意中人、官场公职人员,甚至家奴仆佣,每天早晨都喜欢到茶馆喝茶聊天,新闻记者,特别是小报记者,全靠茶馆里流传的消息来填补报纸的空白。

1926年8月10日,黄转陶在茶馆里听大家在传,费家的仆人说,袁公主开电风扇触电了。黄转陶一听,这是绝好的社会新闻啊。触电,那还了得,一定是没命了。于是,他也没细打听,第二天,小报上就有《公主触电》的新闻,认为袁公主已经一命呜呼。

这里把刊发在《上海画报》(1926年8月11日)上的报道录入如下:

> 袁克定女公子,今春适费仲深之次公子,时甫半年,日昨因开风扇触电逝世。(转陶)

黄转陶这一番合理推测,搞得上海、苏州很多与费家有亲的人家大起惊惶,纷纷去电或亲临探问。事情的真相则是,袁公主触电事诚有之,麻了一下手指,受了一吓,并没严重的后果。

费仲深这一气,哪还能抑制得住,大喊来人,拿我的片子(即名片),报警局告以造谣诬陷之罪。

早有人暗地通知黄转陶,黄转陶见机不妙,也来不及多想,马上叫上黄包车,快快,往火车站。

黄转陶连家人也来不及通知一声,就这样一溜烟跑到了上海租界,躲了起来,很长时间都不敢重履苏州。

黄转陶之"桃(陶)之夭夭"(谐音逃之夭夭),一时成了苏州文艺界的谈资,都说豪是豪得来(笔者按:此吴语,评弹说书中常用,有趣的意思),比说书先生讲的还要精彩。

两次事件中,文章都刊载在《上海画报》上,它的创办人是毕倚虹,周瘦鹃在该报任编辑,这些短文大概都是通过周瘦鹃的手在报纸上出现的。

《上海画报》上有一个署名瘦鸥(当是秦瘦鸥)的人,讲他文字生涯中,因为舞文贾祸的事也不少。此文叫《文字厄志感》,刊载于1928年初,他历数自己文字生涯中惹出的祸端,摘录如下:

> 愚酷嗜弄笔,尤爱作游戏文字,年十四五即致力于此,至今迨六七年矣。其间若为《快活》作爱情小说而触怒某戚,竟至绝交。又为某君草滑稽寿词,而被某巨公所忌,险致丧身。近则因《福尔摩斯》而涉讼公庭,久

久弗解。此仅其大者也。他若琐屑之交涉,未发之祸端,犹在不及举与不可知之数,文字之祸,真可畏也。

可见舞文弄墨,还需审慎第一。娱乐大众的同时,也当尊重事实,率尔操觚,往往弄出祸患来,不容易收场。就郑逸梅和黄转陶来说,他们两个都一时间回不了家乡。

这两件事都与费仲深有关,也可以从中看出费仲深与新闻记者、苏州文人之间的关系在某个时期存在着一点不够和谐的问题。

胡适的一次"高级娱乐"

食色,性也。胡适向来并不讳言自己与妓女的关系,他在《四十自述》中把二十岁前后那段荒唐岁月袒露给了大家,让人觉得读到了中国版的卢梭《忏悔录》。不过,胡适的《四十自述》并没有写完,他生于1891年,他的四十生涯应该叙述到1931年为止,却在留美之前戛然而止。此后,他与妓女的关系在他笔下概付阙如,好在香港掌故家高伯雨为他做了一点补充。

高伯雨《听雨楼随笔》(牛津版)第五卷有一篇《怀安街可怀乎?》,谈到胡适在上海吃花酒的事:

> 民国十年(1921),胡适乘北大放暑假之便,到上海玩一两个月(其实是商务印书局要革新,坚请他担任编译所所长。他特地来上海观察一番的。结果他推荐王云五)。某日,上海的小型三日刊《晶报》登出一段有趣

的消息,说的是《胡圣人吃花酒》。一经传开了,立即成为上海人茶余酒后的材料,原来圣人也吃花酒,吾辈非圣人,到花丛随喜随喜,更振振有词了。

《晶报》并非造谣,的确是有人亲见胡圣人某夕在四马路会乐里某某书寓吃花酒。《晶报》揭出后,胡博士没有告他一状,说他毁谤名誉,亦以当时吃花酒实为一种"高级娱乐",为社会所公认,但因为逛妓院到底是腐化的事情,平常人和市侩则可,若新文学家、洋博士又拥有"圣人"尊号的胡博士,一旦亦同流合污,就不免使人啧啧称奇了。

然而,高伯雨给了我很大的误导,他写掌故太想当然了。当我循着他的指引翻遍1921年的《晶报》后,才知道他的说法不确,因为《晶报》这一年并没有如是或类似的报道。

这一年胡适确实到过上海,也就是他推荐王云五入职商务印书馆的那段时间,但胡圣人吃花酒并不是这一年,也不在暑假里,更不是在会乐里。

《晶报》报道胡适吃花酒,其实是在1926年3月(这一年胡适才36岁),题目是《胡适之底吃花酒尝试》(骚胡投稿),全录如下:

胡适之先生，自从剃去了胡子以后，居然是个小白脸了。他本来是翩翩年少，不知什么人，加着他一个圣人的徽号，不免有些陈腐气。其实胡先生虽然自称为徽骆驼，我们瞧他是风流蕴藉，兼而有之。昨天有人报告说是胡适之先生，阴历正月十六那一天，在同春坊沿马路宝蟾家，请人家吃花酒。他老先生自己做主人。有人说：京戏里有一出宝蟾送酒，胡先生难道要做薛二爷吗？有位朋友道：不对，薛二爷是反对宝蟾的，这或者是薛大爷吧。其实薛大爷还是胡适之先生做白话诗的老前辈，你们不曾读过《红楼梦》上的：一个蚊虫哼哼哼，两个苍蝇嗡嗡嗡吗？听说那位姑娘，本在生吉里，唤作舜琴老三，便由生吉里调到同春沿（引者按：同春里沿马路的简称），改名为宝蟾老三。第一天进场，胡适之先生便答应给她做花头，摆了一个双台，房中有一副金字的对联，上联是"此日未足惜"，下联是"开尊对瑶华"。据说这位宝蟾姑娘，小名就唤作惜华。这副对也是胡适之先生的大作，对联上的末一字，嵌有惜华两字。不过这件事，尚待考证。就这副对联看来，似对非对，很有些新文化的意味咧。据我们知道，胡先生正为某一家书坊，把一部《海上花列传》加新符号，做考证。上海吃花酒的事，更非加以实验不可，研究社会学的学者,各处都要走走,所谓我不入地狱,谁入地狱?这一次大概是胡适之先生的吃花酒尝试了。

附告一句:这位宝蟾姑娘,是个松江人,鹅蛋脸,双眼皮,非常(引者注:旧报原文缺失两字,疑为"漂亮")。你们不信,请叫来看看,可见胡适之先生的眼力不差咧。(1926年3月6日《晶报》第三版)

文章署名骚胡,上海有一个俗语叫骚胡子,指长满络腮胡子的人往往性欲强,春情足,也即很骚。这不仅是一个署名,表示这是一个有骚胡子的人写的,同时也有双关语意,因为胡适恰好姓胡,所以有暗嘲胡适很骚的意味。

20世纪20年代,上海的妓界还是延续着固有的规矩,即客人答应给妓女做花头,必须经过几个步骤。首先当然是介绍认识,有朋友介绍或自己到书寓里打茶围,然后在酒楼喝酒的时候飞笺叫妓女出堂差,一来一去熟悉之后,就可以到这个妓女的房里碰和(打牌)或摆台(请客),考究一点,就是摆个双台,这是给自己认可的妓女挣面子的事,就是所谓做花头。具体可以参考张春帆(漱六山房)的《九尾龟》,里面有详细介绍。

胡适给宝蟾老三做花头,已经到了摆双台阶段,可见来往也非一时了。难怪这位以前叫惜华,又叫舜琴老三的宝蟾老三的房中还有胡适送的嵌名对。(作者按:过去上海的妓女经常改换门庭,换一处妓院,就按照该妓院的红倌人的名号,依次挨序排列,规模小的妓院,老三老四,大的妓院,排号甚至有十以上的。所谓宝蟾老三,就是宝蟾家的老三之意。)

胡适这次到上海,原是到亚东图书馆给他的徽州同乡汪原放做小说考证的。汪原放标点旧小说,胡适就为新式标点的旧小说如《水浒》《红楼梦》《海上花列传》等做考证和写序文,两人协作,也算整理国故的一个部分。所以这位骚胡打趣说:"上海吃花酒的事,更非加以实验不可,研究社会学的学者,各处都要走走,所谓我不入地狱,谁入地狱? 这一次大概是胡适之先生的吃花酒尝试了。"

该文对胡适打趣调侃得很厉害,是《晶报》典型的风格,并不算离谱,胡适见了也不好说什么。文章里面提到了吃花酒、胡圣人等等,应该就是高伯雨所谈意中的那篇文章,只是他记错了因果和日期,过于想当然了。

张丹翁在《上海画报》有一首《捧圣》谐诗,写胡适道:

多年不捧圣人胡,老友宁真怪我无?
大道微闻到东北,贤豪哪个不欢呼?
梅生见面常谈你,小曼开筵懒请吾。

考据发明用科学,他们白白费功夫。

梅生,摄影家黄梅生也,好谈胡适掌故;小曼即大家熟知的陆小曼也。此诗可以窥见胡适与上海小报文人之间的亲密关系。

大约一个月之后,宝蟾老三还有一则新闻出现在《晶报》上,这里顺便也介绍一下:

宝蟾之祸福倚伏(英英)

宝蟾老三,自经晶报骚胡记载与骚胡之关系,于是非胡而有骚心者,均以一识面为荣,生涯遂乃大盛。前日午后十二点钟时,有一李姓客,征之于一品香,宝蟾与其副老七,共乘一车,行经汕头路跑马厅时,忽来二暴客,阻车不得进,御者及随者,均噤不敢声,遂劫去斗篷二,一为月蓝色,三之所御;一为黑哔叽,七之所有也。又捋去宝蟾手指上之钻戒一枚,约值四五百元。当即报捕,而越二日,即获之于小押当,以百余元赎归。李客闻之,颇不安,乃以酒一台,和三场,为之压惊云。

(1926年4月3日《晶报》第二版)

这是《晶报》为胡适和宝蟾老三打了"免费广告"之后宝蟾的"祸与福"了。这时,胡适已经离开上海到了汉口。

关于胡适在上海的这次吃花酒,胡适的日记中并没有记载。这一时期,他的日记里反常地没有生活行踪的纪录,多的是剪报和自己的写作,似乎有意隐藏了什么,或是后来用剪报和写作替代了这部分的实录。

胡颂平的《胡适之先生年谱长编初稿》在1926年的总括是:仍在北京大学教授。下半年在欧洲。这一年,胡适忙得很,新年里到上海,随后就是汉口、南京、杭州、上海、北京、天津各地走,然后走到了欧洲。

1926年2月13日是旧历正月初一,2月22日,中英庚款顾问委员会的"中国访问团团员"在上海会齐。这一天正是阴历正月初十,2月28日(正月十六)就是胡适在宝蟾老三家吃花酒的日子,《年谱长编》缺如。

东吴大学的奇才怪物

在1929年一本叫《文华》的刊物上,我看到了一张照片:一个仪容俊美的年轻人,正拉着一辆黄包车在东吴大学大门口起步飞奔。他就是苏州东吴大学历史上最有名的大学生陈乃圣。

陈乃圣,自号怪佛。在吴语中,怪佛和怪物同音,他要的就是这个效果:让大家直接视他为怪物。生活中,他也确实是个别人眼中名副其实的怪物。

不妨从头说起。

陈乃圣的家世

陈乃圣,原籍吴江,祖上迁居苏州,住胥门西支家巷14号。陈家三代都是一脉单传,祖父一辈娶了一妻一妾,只生了一个儿子,就是陈乃圣的父亲陈省三。陈省三供职于吴县地方检察院,同样艰于子嗣,先后娶了一妻一妾,几经努力,总算到四十多岁上(1907年),妻子生了一根独苗,他就是陈乃圣。

陈乃圣一出生,在家中就备受爱怜,又生得秀外慧中,因此不啻掌中之珠,一家人对他非常宠溺,抚爱有加。他也一直是个好孩子,小学毕业后,考入振声中学(振声中学在马医科巷37号,为私立教会学校),在校刻苦勤读,考试经常名列前茅。他还很有领导能力,经常为同学排难解纷,赢得同学的爱戴。在振声中学,陈乃圣历任本级级长(如今的班长)、学校学生会主席等职务,是学校中的一个明星学生,深得老师们好评。

中学毕业后,陈省三要儿子学商,把他送到了上海的一个养鸡场做办事员。养鸡场当年称蛋厂,主要以产蛋为主。20世纪20年代中叶,一改过去鸡散养、蛋零出的现状,养鸡场成为当时的一个看着很有前景的新兴事业。陈乃圣在蛋厂却无法适应,一天也待不下去,只能回到苏州,继续升学。

1928年,陈乃圣以优异的成绩考入东吴大学法学院,喜讯伴随着噩耗,不久陈省三因病去世,陈乃圣的生活发生了根本变化。这个时候,陈家尚有嫡庶祖母两人,嫡祖母已去世,尚存庶祖母一人,还有就是陈家的独苗,刚跨入大学门槛的陈乃圣。

青春年少的陈乃圣,正处于逆反期和躁动期,又受到父亲去世的刺激,他忽然像变了一个人似的,成了东吴大学里一个令常人侧目的怪物。

陈乃圣的衣食住

陈乃圣发誓要改革人世间的不合理,以身作则,从自己做起。他的怪是全方位的怪,譬如在衣食住行这人生几大问题上,他的选择都与常人大相径庭。

先讲吃。陈乃圣认为,一天二十四个小时,一日三餐,夜间完全不进食,这三餐的分配岂不是很不均匀,是不是有点反逻辑?一日三餐,既浪费光阴,又增加了花费,也不符合社会经济的原则。于是,他当众向同学宣言:今后每天只吃一餐,这样既节省了时间,也节省了粮食,虽然他付给学校每月七个大洋的餐费一分都不能少。

陈乃圣从此不吃早餐,不用晚饭,只吃午饭。他午饭时一顿吃上五六碗饭,撑到喉咙。同学笑他"不吃则已,一吃惊人",他对大家说:"虫介之属,食无定时,见有可以吃的,就拼命吃个饱,漫无节制;稍高等的牛马等,饮食略有限度;

至于人类,如今是一日三餐,食有定时定数,可见在自然界和人类中层级越高,饮食的次数越减。我要超越人类,成为怪佛,那么一日一餐才是起步。"说得到做得到,陈乃圣经过半年试验,果然坚持了下来,不但过午不食,夜餐废除,而且晨起不食,早膳不碰,比坚守禅宗规程的弘一法师还厉害。

因为吃饭,陈乃圣在睡眠上也有他的思考和改革。他觉得每天睡觉是一种浪费,八小时睡眠更是毫无依据,世界日进,事务益繁,必须少睡才能跟上时代的步伐。他宣称自己从此每天只睡四小时或两天睡一次,他果然做到了,照样精力旺盛,身体舒适。

再说穿。陈乃圣的穿经过了几次改革。首先,他认为冬裘夏葛并非必要,夏天也可以裹得严严实实,而北风呼啸的冬天,也不妨穿件单衫出门。他是这么想,也是这么做的。他的一个同学说:"陈君于朔风凛冽中,仅穿夹袍一件,倘再无变改,同人等将起来请愿,加棉袍于彼身上矣。"陈乃圣在东吴校园的雪地里赤膊的照片至今还能见到。实行了几天,实在受不了,他才放弃了这个不切实际的想法。于是,他把注意力转移到服装的选择上来,发现中国的服装不合潮流,还是西装更好,但纯粹的洋货,也不是正道,必须完全穿国货。因此,有一段时间,他的装扮如此:华福的草帽,山东土绸的衣裤,杭绸的衬衫,银楼定制的银货纽扣,自制的素绸领结,布底的皮鞋,国货的布袜。这副打扮不伦不类,简直像个什锦拼盘。

陈乃圣又开始了反思,觉得这样穿着还是不行,仍有反逻辑之处。领带领结,要此何用?袖管边的纽扣,岂不画蛇添足?且西装穿着也不够舒服,不如自己来设计一套服装。据当年报纸记者的记载,陈乃圣自己设计的这套衣服是这个样子:帽子采用童子军式,领子选择中山装式,前襟为学生装,后襟用西装开叉式。腰束皮带,采用军人皮带,裤子是中国式大裆裤,加上皮绑腿,长筒布底鞋。

为了表示打破迷信,他还选择了一套见客的服装,居然是在寿衣冥器店里买的纸帽一顶,费洋二角,帽子前额正中嵌一块有孙中山头像的银圆,表示自己是中山信徒,同时也表示自己是一个拜金主义者。戴着这样的帽子出入亲友家,意在打破迷信和传统。

为了显示自己拜金主义的理念,陈乃圣用余钱在东吴大学里做起了生意,买卖各种饮料和杂物,一个署名文森的人以调侃的笔调写道:"怪佛卓见荦识,思前虑后,平居行事,常先人一着,固非杞人之忧天,实志士之思国也。彼目击国内之军阀横行,政治不修,实业勿振,民生日绌。虽有才学之士,亦不有相当之职位容纳之。老骥伏枥,难展所学。故彼于课余暇日,兼习副业:有时买舟习驶,操榜人之业;有时税车拉客,充苦工之职;更于夜间从校中西教授侍役学烹调之术。时往习练,不觉疲倦。并在校贩卖味母、草帽、冰激淋、荷兰水等等。广告不时贴在胸背。时人名之曰'活动广告',足见怪佛精于营商也。"

他把广告直接做在衣服的前胸后背上,称为活动广告,在校园里招摇过市。这一点,已为今人效法。流行的广告衫,不可忘记陈乃圣这个开拓者。

再来说说陈乃圣的住。

一开始,他住在东吴大学的男生宿舍,宿舍三人合住,各占一块。他的布置也与众不同。据记载:"在他应占的地域内,却也不辞辛劳,布置得光怪陆离。即就他夜间所睡的床说,也异于别人。床板离地仅一尺,床上置一木板,陈一古琴,覆以绣锦。旁则炉烟氤氲,香沁肺腑,看去怪清净的。"

这样的生活,自然无法和同宿融合,学校舍监也忍无可忍,下了逐客之令。陈乃圣不得已搬出了学校宿舍。他在学校附近的望星桥堍租了一个楼房的前楼,布置出这样的居室:"房的正中挂着他的裸体照,两旁挂着董康的'真美善''智情意'的对联,下角横放着书架,架上陈列着纸做的花瓶和时钟。四壁更配以徐世昌、康有为等名人书画。室角置草鞋油衣,及其他拉车时的用品。"

上文还忘记说,照片中的裸体照,应该是上身裸露的半身照,不然照相馆也不肯给他拍,挂在房里,别人也不敢来。他手里还拿了一本《圣经》。陈乃圣对这张照片很得意,有自己的解释:裸体乃真的表演,一扫阶级之虚伪。照片中手执圣经,乃善也。美则曲线美也。智者,为情之种,凡感情之丰富与否,及行为举动,悉由智慧高低来表演。情者,为意之花,感情实为意志之花苞,于人生哲学上,应作如是观。苏州《大光明》的记者却信誓旦旦地说照片是自拍的全裸照,鉴于陈乃圣的同学都说报纸记者添油加醋,乱造谣言,这里不加征引。

陈乃圣的一个同学彭学海在谈到他住的文章中说:"住——荒郊上一破楼,即予与陈君等四人之居处也。西式古屋,宽阔适度,四境田园,幽雅清趣。陈君房中之装式新奇,在在具有艺术意味,房壁挂有彼之裸体照一,并拉车像,用器中有纸时钟、纸花瓶、纸菊花等等,别具风味,他如名人字画、耶稣圣像、丝弦管竹,不一而足,未便一一细述也。"

陈乃圣的校园生活

1928年新学期开学以后,陈乃圣在东吴校园里相当活跃,引人注目。据《大光明》报道:怪佛近日每晚自修时,恒于其两颊,书"革命尚未成功,同志仍须努力"字样。额间则横书"天下为公"四字。往来校中。……询其故,佛曰:"世之自称革命之徒多矣,均革之在面上,而未革于心者。予之以革命口号,标识于脸上,岂是怪哉!"陈怪佛的言论值得称说的,还有东吴大学训育主任和他的一次谈话。训育主任说:"外界对你的舆论很坏,你知不知道?"陈怪佛回答说:"舆论靠得住吗?昔年舆论指孙总理为四寇之一,今日革命成功,天下为公,所谓舆论,由斯可见矣。"一番话驳得训育主任哑口无言。

陈怪佛在滑稽突梯的行为背后,其实还有着对人生比较深入的认知。

这里再录一段《大光明》的报道,以见陈乃圣的良善。

> 怪佛今年已成大学生,而抖乱如故。尚怀一绝技,以能左手写字,且书法挺秀,可挥毫作联,因自定润例,每联须炒面一盆。如女同学来索者,不独炒面可免,即墨汁纸笺,均可不计。一日忽失其大椽,遍寻不着,乃于揭示处,出一布告:我笔已被绑去,亟愿赎回,望即来信接洽。翌日,果得一函,谓于明日午刻,可候于天赐庄之小厨房,见手执有报纸者,与其接洽可耳。怪佛果如言履约,而小厨房之顾客,是日十九均执报纸。怪佛

乃知受诒。

陈乃圣为自己起了很多别号,除了怪佛外,还有乃强、金平、声雷、醉汉、鲍不平、齐释、平基等等。我们知道,在吴语中,怪佛是怪物的谐音,陈金平是神经病的谐音,鲍不平就是抱不平的意思。齐释和平基,却要下一番注解:释,释迦牟尼也,基,基督也,这个别号的意思是我和释迦牟尼、耶稣基督差不多,口气大不大?真大。狂不狂?真狂。这样的口气让人联想到孙悟空的"齐天大圣",玉皇大帝听了很不舒服。

东吴大学门口,有一家永安居面馆,三间门面,由一个年轻女子经营。陈乃圣是这个面馆的常年顾客,和女老板混得很熟。他就帮助女老板布置店面,搞得花团锦簇,面貌一新。女老板就和他认了兄妹。陈乃圣就自居为永安居面馆老板的秘书长,帮女老板拉了不少生意。永安居面馆请了东吴大学教党义的江教授题了店名。江教授是有身份的人,虽然当时不好拒绝,答应了题店名,不过觉得自己的大名题在一个面馆门口有失身份,所以只肯题字而不肯署名。陈乃圣却不肯辱没了江教授的好意,特意补书了江教授的名字粘贴在下面,几天后被江教授发现,很恼怒,走过去撕了下来。不料陈乃圣不肯罢休,你江教授撕下来,不承认是自己所书,那好,陈怪物又动了促狭脑筋,写什么呢? 写"小乌龟题",贴在了永安居面馆的下面。这行为大大激怒了江教授。

陈乃圣投黄浦江

陈乃圣是个活得比较真的人,他缺乏成人社会的心智,在搞怪搞笑的同时,他的内心其实相当痛苦,他有着对具体社会环境的适应不良症状。因为他觉得人生在世,不能生产,即等于废物,废物足以阻碍社会之进化,故欲促进社会,则社会上之废物,应速醒并自我了断,则社会进化有望。

于是,陈乃圣在上海自杀了——

1928年12月底,正值寒假,他自行离开了东吴大学,经父亲的朋友介绍,进入了上海的一个印刷所实习。不到三天,他就以"不合本人志愿为由辞了职",阴历正月二十四日,他回到了苏州。过完了年,经一个卫先生的介绍,陈乃圣于二月十七日(阴历)又到了上海,进入了沪北的一家印书馆充当校对,月薪十元。在印书馆,他因为不善处世,处处龃龉。使得他羞惭交并,抑郁低回,深感一个堂堂的大学生,屈身于此,真所谓人生一梦,与其挣扎求生,还不如投黄浦江自杀,了此残生。绝望中的陈乃圣,在二月二十四日夜里写了三封绝命书后,以头撞壁,昏晕过去。十时左右,悠悠醒转,知道未死,"强步至南市外马路顺泰码头,预备投浦。不料被警士叶永泉瞥见,上前诘问,心知有异,带入分所。询问结果,怪佛自云本人办事不力,以致招怨,故愿一死。旋在身畔搜出绝命书三封,二致祖母,一致卫君。后经其表兄保出,带入医院诊治"。

拉黄包车的大学生

自杀风波平复后,陈乃圣又回到了东吴大学,继续学业。他不甘寂寞,又拉起了黄包车。

陈乃圣拉黄包车,更是怪佛当年登峰造极之作。

要说大学生拉黄包车,也没有什么,无非勤工俭学之一种,值得赞赏。但拉黄包车一向被视为贱业苦工,在二十世纪三十年代,一个教会大学的大学生去拉黄包车,在保守的苏州城里,却有点惊世骇俗的味道。

有一个署名玉君的人写道:

> 怪佛有意拉车,志在必就,故请江北小三子为教授,每日一小时,亲在操场练习,未几已能转弯抹角,上桥冲街,驾驶自如矣。某夜,从慕家花园拉一西女士

来，而此西女士亦不识庐山真面目。人坐其车，索值公道。时有一妇携二小儿坐其车，拉至十梓街，仅给铜圆四枚，彼念此妇身随二儿步履维艰，故亦不与计较。星期日下午，怪佛挽人力车侍候于校门首，适西教授白公外出，怪佛就之。白公既上车坐定，因见旁人匿笑，始知有异。俯首细视，方识此君为自己之高足。怪佛亦试拉车于校门及望星桥间，坐者每次应出车资铜圆十枚，同学好奇，无不前来领教，怪佛之营业大振。然其健步如飞，车行迅速，亦为其他车夫所信服。……终因学校当局多方阻止，怪佛只得停业。悲夫！

拉车被禁后，他声言要在学校挑粪，吓得大学教师们皱眉蹙额。

陈乃圣拉黄包车的照片还曾登上了报纸和刊物，至今仍能见到。

陈乃圣拉车，常把帽子压低，冒充车夫，凡女同学上车，他总是价钱也不讲，拉起就跑，等到目的地，人家要付钱，一看竟是同学，女同学尴尬万分，往往红着脸跑进家里，陈乃圣引为笑乐。

陈乃圣拉车的终结，是碰上了东吴大学的文乃史。他是一位监理公会的牧师，也是一名学者。北伐之后，外国人不能当大学校长,他成了东吴大学的隐形控制人。这天,文乃史一出校门,居然就上了陈乃圣停在校门口的车,这陈怪物还在得意,把车拉得飞快。文乃史敲敲文明棍,表示要停车,定睛一看,嘿,大学生拉车真的不是传说,成何体统?文乃史虽然是美国人,他的观念却有点儿中化,深受儒家影响,觉得拉车太有辱斯文了。并且他觉得自己也难堪,自己的学校竟培养出拉车的学生,自己竟乘学生拉的车,竟然有堂堂东吴大学的学生甘心为人拉车,文乃史简直没有想到,他感到尴尬,怒不可遏。于是,陈乃圣的车夫生活终结了,陈乃圣的大学生活也要终结了,一纸开除,陈乃圣无奈离开了东吴大学。这是1929年11月初发生的事情,陈乃圣当年22岁。

关于陈乃圣因拉车被开除一事,还有一个来自他堂侄的不同版本:

> 陈乃圣,上世纪三十年代在苏州可说是一位家喻户晓的人物。他原是东吴大学学生,白天在校读书,晚上却去拉黄包车。一次乘车的正是自己的大学校长。当校长下车付车资时,向那车夫一瞥,"咦!那不是我的学生密斯特陈吗?"校长为此大为恼火,认为大学生拉黄包车有辱斯文,有伤校风。回到学校,也不听学生

申辩,决定将他除名。此事遂被新闻记者获悉,刊登在报纸上,一时在坊间传为笑话。(陈其瑞之《"怪佛"陈乃圣》,刊2009年4月18日《新民晚报》)

东吴大学教职员校务会议开会时,开除陈怪物,成了江教授首先提出的一个动议。以前校方对陈乃圣虽有不满,却无借口,如今他自己撞到了江教授的枪口上,校方终于站到了前台。"学生陈乃圣,行为怪癖,怠于学业,应即着令退学。此布"云云,校长杨永清随即批准,陈乃圣的大学生命运永远地被中断了。

怪佛的牢狱之灾

离开东吴大学后,陈乃圣又遭遇了牢狱之灾。

陈乃圣才情不错,擅长乐器演奏。1929年11月30日,苏州基督教青年会年终结束会邀请陈乃圣登台演奏箫,陈乃圣欣然前往,一曲奏罢,已经是晚上八点多了。散会出来,路上碰到一个朋友,乃是住在唐家巷的米业小开(米店老板之子)徐伟滨(22岁)。两人边走边谈,徐伟滨提出要陈乃圣写副对联给他,陈乃圣一口答应,热情地要马上写给他。

陈乃圣眼珠一转,说:"前面不远就是新苏导报社,我们到那里借了笔墨纸砚,马上写给你。"徐伟滨一想也好,就一同去了新苏导报社。真是合该有事,这天恰恰是《新苏导报》因为"反动嫌疑"被查封的日子。陈乃圣与徐伟滨正好撞到了枪口上。

《新苏导报》是一份新办不久的报纸,社长是王兆杰,编辑有华有文、毛羽满等,采访主任是施之范。1929年7月中旬,王兆杰曾有意要请许宪民女士做编辑,许宪民没有接受,在《苏州明报》刊出启事辞了这个职务。

这天晚上,正是当年报纸最忙碌的时候,吴县公安局局长郑贞吉(名诚元)会同苏州市公安局,包围了新苏导报社,结果陈乃圣和徐伟滨自投罗网,成了网中之鱼。

警察在陈乃圣身上搜出了裸体照片和奇怪名片一张,还有几张漫画。

据陈乃圣自己交代,身上的裸体照片就是自己,因为是裸体,所以旁边题着"女同志看不得"六字。名片也是他自己的名片,奇怪在哪里呢? 在陈怪物给自己冠的头衔,分别是:兄妹居秘书长,未来广告公司总经理,黄包车夫练习生。他自己解释说:"这是记载我过去之事实及未来之志愿也。"漫画画的是《新苏百丑图》,画的是《新苏导报》的六个主要人物:毛羽满笔扫千军——毛羽满手执大椽之笔;王兆杰夜夜操琴——讲王兆杰爱上了妓女雅琴；华有文大开过山炮——因为华有文自己曾说"骂人须彻底,应如过山炮"；王渭生天天弄账——王渭生是该报账房也；盛智醒处处提皮包——笑盛智醒买了皮包一只,整天不离手；施之范拜倒小妹妹——讲施之范正追求某女士也。(见《导报被封时之琐屑》刊1929年12月3日《大光明》)这也可见陈乃圣滑稽多智,游戏人生的一面。

就这样,警察在查封《新苏导报》之当口,把陈乃圣和徐伟滨一起网罗了进去,他们硬是被关了几天才获得释放。

上述陈乃圣的名片,已经无法见到。不过,民国报刊上刊出过他的另一张名片,有初版,还有再版,上面印有"苏州市拉车夫:陈金平别署怪佛"。其再版的名片略有不同,印着"苏州市拉车夫:陈金平(再版)别署东吴怪佛"。

怪佛的书法爱好

上面说过,陈乃圣年纪不大,书法却相当出色,特别是左手写字的绝技,与后来以左笔书法驰名的书法家费新我可有一比。

离开东吴大学后,陈乃圣遇到了一位恩人,这人竟是陈果夫、陈立夫的外祖父,时任监察院秘书长的杨谱笙,两人是同乡,或有亲戚之谊。

杨谱笙很赏识这个年轻人的才华和书法,听说陈乃圣被东吴大学开除,生活毫无着落,就伸出了橄榄枝,请他到南京,住在自己家里,介绍他卖字。据彭学海《苦闷生活之挣扎》一文说:

> 现在他就居留在杨氏家中,社会的反抗,环境的攻击,礼教的嘲弄,依旧不遗余力。他为了经济的压迫,也在鬻字卖书,他的怪名片的后面,刻着这样四句:"苏州怪佛,左手鬻书;不论大小,一字千金。"这里的"金",据他来信说是代表"钱"(一千钱)。因为"钱"是铜做的,铜也是金属之一也。而且生意不恶,为的是怪佛的左手字是比较有点出处。(《中国学生》1930年第2卷第5期)

所谓出处,自然是指根基扎实,渊源有自,能自成一家也。

陈乃圣的书法确实不错,他经常跟各地的书画家联系,甚至齐白石(齐璜)、柯璜都与他有交往。陈乃圣的堂侄陈其瑞回忆说:"整理旧物,偶然见到一帧齐璜(白石)绘画、柯璜题词的碑刻拓片。那是二十多年前苏州书画篆刻家矫毅先生赠我的。画中人物不是别人,正是我的堂叔,人称'怪物''乞丐'的陈乃圣先生。"拓片记载了陈乃圣与"两璜"(齐璜、柯璜)的书画因缘。"齐白石赠给陈乃圣的画,画的就是陈乃圣本人肖像。画中的陈乃圣身穿僧服,作坐姿,头微仰,上题篆书'怪佛'二字,下署'齐璜'。柯璜则在上端题词:'此佛降世,颇多怪行,作诗写文,感化世人。诗作生命歌,文写大墓铭,人都称之怪佛。'下署'辛巳春柯璜题'。可见柯璜对陈乃圣的言行是十分熟悉的。""徐悲鸿就为他画了一帧'乞丐造像'。画中的乞丐挟着几件画卷,踽踽前行。此画后由苏州刻碑名手黄怀觉刻成石碑,拓片传世。陈乃圣还将它装在框内,挂在寓所。"

陈乃圣用极多的时间和当年有名的书画家通信,获取了很多书画,成了一个小有名气的书画收藏家。

此后的陈乃圣一直在南京法院里做事,直到退休。他没有结婚,孤身一人,为人矜平躁释,平和低调,平安地活到了1976年,才在上海亲戚家去世。

陈乃圣是东吴大学出现的一个奇才怪物,他的创新想法和怪特行为,虽然有社会刺激的因素,更多还是这个人独有的表现,是一个特例,没有普遍的意义。如今我们谈起他来,或许只是茶余饭后的一点儿谈助。

谢冰莹戏说，单秀霞怒怼

谢冰莹的自传体小说《一个女兵的自传》，1936年7月作为"良友文学"丛书之一（第二十七种），在良友图书印刷公司出版，曾引起一时的轰动。1937年6月再版，共印刷4000册，在当年算是不小的印数了。

谢冰莹是一个传奇女性，带点儿男性气质，生活中很多时候率性而为又生性浪漫，使得她的人生异彩纷呈。北伐初期，她投笔从戎，做了一个女兵，更是当年令世人瞩目的举动。

在《一个女兵的自传》中，有几个章节讲她就读于长沙省立第一女师时，她的举止在略嫌封闭的女校引来同性的仰慕，但她不是同性恋，一生中不但结过几次婚，而且在书中多次强调对同性的兴趣不大。书中，她特别写了一章《同性爱的纠纷》，讲她在长沙省立第一女师与同学间的故事。

当年，长沙省立第一女师里盛行同性爱，她说：

"同性爱"这个名词,那时我们还不知道应用。只是非常奇怪,大家一对对的交起朋友来,而且行坐不离,起初由相识而相爱,由相爱而结婚了。(她们同睡在一床的时候,就叫作结婚。)

在单一性别的空间里,同性之间很容易发生这种相互的爱恋,原不足为奇,更多只是一种情感的暂时寄托和游戏。谢冰莹接着写到有个姓孙的新化同乡,首先爱上了"我":

> 只有一位姓孙的同学(她也是新化人,而且同班),她竟莫明其妙地爱上了我。真的,她简直是个毫无半点理智的女子,一身都是爱。最初当我发现她对我特别殷勤时,老实说,我还有点不高兴她,我觉得她太麻烦我了。星期六的下午,她要陪我上街买东西,如果我不出校,她连家里也不回去的就坐在我的屋子里陪我。……
>
> 也不知是什么原故,许多同学都喜欢我,不,与其说"喜欢",毋宁直截了当地说她们都"爱"我。像孙一般热爱着我的人共有五个,我真不知如何应付。有两个同班的,三个是别班的。……

长沙省立第一女师的同性爱情形,由此可见一斑。

在《同性爱的纠纷》这个章节里,谢冰莹还说到一个来自湘乡的同学昆,写了一封爱慕的信给她,但因为昆说话带有鼻音"n-an n-an",她不喜欢听,而不愿与此人多谈话。

以上说到的,不是姓孙,就是名昆,谢冰莹都没有连名带姓地把真姓名和盘托出,还算留有分寸。接下来却有点得意忘形,写到一个"单恋"她的同学单秀霞:

> 正在遭她们讥讽我又多了一个"文学家"的朋友时,第三个不幸的波浪又卷来。原来十五班也有两个爱着我的同学,一个是单秀霞女士,她真是单恋,写了许多给我的诗都自己烧掉了,要不是她的同班李君看见跑来告诉我,我永远也不会知道。另一位陈君……

单秀霞就这样亮相于谢冰莹的《一个女兵的自传》里,就这么一次。后世读者或认为这只是一个化名,未必实有其人,且所谓"单恋",还有着双关的味道,不仅含有单相思的意思,还有此人正好姓单(读如"善"),或是作者故弄狡狯,增加阅读趣味的。我阅读时也是这样看的。直到有一天看到一本民国杂志《桐雨》。

《桐雨》月刊是民间文学社团桐雨社的一本社刊,1936

年8月出版于安徽的安庆。在《桐雨》的九月号(第一卷第二期九月一日出版)上,赫然有一篇单秀霞的《"冰莹"真够"单"恋?》,谢冰莹笔下的真人忽然现身了。

这篇文章一开始就写自己得到谢冰莹的《一个女兵的自传》一书,是来自李健人:

> 昨天李健人自南京来,刚一走进门,便忙着打开他的箱子取出一本装订得很精致的书《一个女兵的自传》送给我,还指定我先看末段(三五六页《恐怖之夜》),并且表示很得意的说:"冰莹又出了一本书,她对我始终还是不错,过去她常找我要钱,我为得怕我那位梦棠先生做萝葡干,总是让她吃螺蛳回去,她虽然有时候也气得哭过,但现在还认为我是很关切她的人,'我'在她的笔下也就只描写出一穷字来,不错,还不错,吭!吭!吭!"

原来李健人也是《一个女兵的自传》这本小说中的一个真实人物,书中化名"仁君"(见《恐怖之夜》一章)。"萝葡干"今作"萝卜干",当年俗语,指恋爱中的点缀。"吃螺蛳"也是俗语,指给对方碰钉子。

接着,单秀霞在书中发现了自己的名字,她也引了上面

一节,不过略有差异之处。这里全录如下:

> 已在遭她们的讽刺我,又多了一个"文学家"的朋友时,第三个不幸的波浪又卷来了,原来十五班也有两个爱着我的同学,一个是单秀霞女士,她真是单恋,写了许多给我的诗,都自己烧掉了,要不是她的同班李君(诉我)看见跑来告诉我,我永远念下知道……(《一个女兵的自传》102页,《同性爱的纠纷》。写长沙古稻田故事)

为什么和原文略有不同呢?这里不妨略加分析。首先,这段文字出自《一个女兵的自传》,也正是102页的内容,章节名称也完全一样,可见单秀霞看的那本书,正是当年出版的"良友文学"丛书本,殆无疑义。《桐雨》出版于1936年9月1日,单秀霞读到的应该就是初版本(再版本要次年6月出版)。长沙省立第一女师,地址在古稻田,作为这个学校的学生,单秀霞直截了当地指明这写的是长沙古稻田的故事,可见不是冒名顶替。值得注意的是,单秀霞在引这段文字时,在李君后面加了一个括号(诉我),很可能就是李君的姓名,单秀霞特为标明。至于引文的一些错误,或是作者处在一个恼羞成怒的状态之下的笔误,以及来自手民之误。当年小刊物并不重视校对,差错甚多。

随后,单秀霞就用嘲讽的口气说了如下一番话:

> 呀!呀!这才了不得,我真高兴,这时候我真要找到那位同班的李君,向她行几百十个九十度才行。我恨不得就要向众狂夸"我的朋友谢冰莹","我如何爱慕的谢冰莹",我,……

> 想不到有今日,"单秀霞"三个字公然出现在一个这样的作家自传里,这下一家伙身价说不定是"升""降"百倍了吧?!这是如何值得骄傲啊!

> 是的,话得说回来,还"傲"不得,谢冰莹和我同过学虽是真的,就说多谢李君跑去告诉了她,我爱过她也是事实,但冰莹只恐承认是"单"恋,"单"恋在她还说那又是我的第三件不幸的事,这些我倒不研究,假若她要不是为得加价自己是那样写的话,我还是愿意说:"我的朋友谢冰莹",不过我还细想起冰莹的从头到脚,以及过去到现在,我也就不……

单秀霞义愤填膺,决心不管不顾,开始大爆谢冰莹的"料",略举数例:

我只记得同学的时候,她(指谢冰莹)特别著名的,只是听得大家说:"鸣刚(谢的学名)的袜子穿上脚不破她是不会脱下洗的,谁要是从她身边走要不带香水和手巾或老姜,你必得作呕三日。"

她(指谢冰莹)说:"她不爱交湘乡朋友,是最讨厌那 n-an n-an 的话难听。"不过她自己那口要卅分钟才能结结巴巴的结出一句的"新化"话,也就够听。

孙伏园告诉单秀霞,谢冰莹说过:"一个女子要真的认识一个男子的话,就非要和男子有过'那个'接触才行。"

1936年3月,单秀霞碰到一位女士告诉她:"你知道冰莹吗? 她与第三次结婚的老顾离了又和老黄同居了……"

谢冰莹生性确实比较浪漫,在她和贾伊箴结婚前,就有过三个男人。第一个是符号,与其生有一女符冰;第二个是无锡人顾凤城,证婚人是柳亚子,她还认柳亚子为义父。据李白凤回忆:"顾和谢在当时英租界梅白路长康里租了一间楼房,举行了颇别致的结婚仪式,在场五人,除了我和新郎、新娘,尚有主婚人顾的父亲,尚有证婚人柳亚子先生。桌上点一对红烛,顾和谢肃立,由柳读了结婚证书,新郎、新娘、主婚人、证婚人一一盖章,婚礼便算告成。"第三个是黄震(经芳),两人于1932年在福建同居,达七年之久。看来都是先试婚的。由此可知,其中第三、第四两条不假。

至于第一条所言,谢的外婆在做校长,谢在校中又很受欢迎,恐怕不如此之甚,大有夸张的成分。第二条的一半出自谢自己所说,谢是否说话结巴,甚而至于要卅分钟才能说清楚一句话? 不问可知,是出于单秀霞的夸大不实,因为众多对谢冰莹的采访,都没有这方面的记载可以印证。不然,倒真像其义父柳亚子(也是著名的口吃者),一样的说起话来格格不吐了,可发一笑。

单秀霞最后说:"我想到她的一切,我是始终不敢爱她,恋是更谈不到,'单恋'两字,恐怕只是她在那儿异想天开吧。"

在自传体小说中写出别人的真名实姓,确实是一件可怕的事,因为不管你是善意还是恶意,在别一个人看来,角度不同,理解也自不同。单秀霞愤愤于谢冰莹拿她垫背抬高自己,简直是异想天开的做梦;李健人却很高兴看到谢冰莹笔下的自己虽然很穷,但还是一个关心她的大哥。

单秀霞也不是一个无名之辈。1927年,她在《中央日报》社做过记者,和孙伏园是同事。1924年在省立第一女师十五班时,她和老师徐特立还有过这样一个故事。

有一天深夜,徐特立发现两个女生在厕所旁的路灯下边织毛衣边聊天,就劝她们回去睡觉。次日,徐特立写了这样一首诗来规劝她们爱护身体,不影响他人:

> 昨夜已经三更天,厕所偷光把衣编。
> 爱人要紧我同意,不爱自己我着急。
> 东边奔跑到西边,不仅打衣还聊天。
> 莫说交谈声细细,夜深亦复扰人眠。

不知这里的爱人是她的未婚夫,还是她恋的谢冰莹?另一个女生是不是交心的李君?

1949年以后,单秀霞曾在湖北省天门县第一中学担任教师。

单秀霞的《"冰莹"真够"单"恋?》虽然出现在这么不知名的一个刊物上,似乎也曾辗转转达到谢冰莹的耳中。《一个女兵的自传》有过几个版本,其中有一个就没有单秀霞的名字,或是事后经过删改了吧。

常任侠南京遇丁玲

二十世纪三十年代,女作家丁玲在上海失踪,可说是文艺界的一件大事。

1933年5月,丁玲在上海被国民党特务绑架。一时间,宋庆龄、蔡元培、鲁迅、胡适和沈从文等都为之奔走呼吁,积极营救,甚至连法国作家罗曼·罗兰也发文抗议。

不久,丁玲被解送南京,传出被枪决的噩耗。沈从文异常悲愤,写下了《记丁玲》一文,作为不能忘却的纪念。随后,关于丁玲的消息就沉寂了,大家都以为她已经不在人间了。

一年之后,南京的《朝报》副刊(张慧剑主编)忽然出现了一篇常任侠的来信,报告了丁玲的消息。《朝报》上的这些消息,一直没被人征引过,在这里第一次披露,希望引起丁玲研究界的重视。

常任侠(1904—1996),著名艺术考古学家、东方艺术史研究专家、诗人,当时在南京中央大学任教,有一天出门,忽然遇见了久违的丁玲,他回家后马上写信给张慧剑,报告了这个消息。

金陵春菜馆楼下,有人见丁玲?
——常任侠君来稿报告奇特消息

昨有常任侠君以《丁玲女士近况》一稿,投寄本刊,云在金陵春菜馆楼下曾亲见丁玲。关于丁玲女士之生死,至今尤为一谜,此篇所记,自极值得注意,不论可信与否,姑为发表如下:

丁玲女士自失踪后,一般关心者,曾作种种推测,有谓其仍系缧绁者,有谓其业已离京返湘者。以前甚有疑其已死,曾撰哀悼文字者。凡此皆属不确。本礼拜日,观萧伯讷(纳)《英雄与美人》剧散后,余与印泉、天翼、转蓬、高植等十余人赴金陵春晚餐,即遇丁玲女士于楼下,手牵其子小频,体貌丰腴,不类旧日,生活似颇安适。令其子脱帽为礼,亦敏慧可喜,惟问其居址,仍笑而不言云。

《朝报》1934年6月13日　副刊　张慧剑主编

印泉,即作家陆印全(也作印泉),天翼即张天翼,转蓬即小说家徐转蓬,高植是作家、翻译家,有这么多人旁证,丁玲再现人间,应该是板上钉钉的事实,此信刚披露,一下子就引起了轰动。

"陆印全"出面否认

常任侠看到的金陵春菜馆楼下携孩子的女人,到底是不是失踪已久的丁玲本人呢?既然有这么多人旁证,应当是毫无疑问了。然而,事情在三天后就出现了大反转,偏偏还是亲历者中的常任侠的朋友陆印全。1934年6月15日的《朝报》副刊,刊出了一封署名陆印全的信,报纸加了个小标题"否认曾见丁玲的一封信"。

编辑先生:

今日见贵刊载有常君曾见丁玲之消息,实深骇异。礼拜日金陵春之宴,余亦参加,任侠君固已提及,然余实未见丁玲,仅遇一湖南吴女士,(丁之幼年同学,识天翼)。体胖如猪。虽与谈及丁玲,然这胖女人,却非丁玲自身,想系任侠君旁听错误。特请更正。

敬祝

撰安！

陆印全上　六月十三日

陆印全，原名陆印泉。笔名有柯庚、印全等，江苏松江人。1933年开始在上海的《青年界》《矛盾月刊》《诗歌月报》、南京的《中国文学》《橄榄》、广东的《东方文艺》等报刊发表诗与小说。抗战中在郑州《阵中日报》、西安《黄河》、重庆《文艺月刊·战时特刊》等发表诗作。主要作品有诗集《柔梦帖》(上海诗歌月报社1934年版)。1949年以后在松江县文联工作。

写这封信的陆印全，至少对女士太不恭敬了。什么"体胖如猪""胖女人"，作家的笔下照说不该出现这种态度。当年读报的人想必也会有这样的狐疑：没人得罪你陆印全吧，不带这么损人的啊。

那么，当天大家遇见的到底是丁玲，还是丁玲的同学吴女士呢？安徽人常任侠此前认识不认识丁玲呢？李村写过一篇《常任侠日记中的丁玲》(2015年10月《书城》杂志)，文中提道："常任侠日记有关丁玲的内容，始见于1935年2月，也就是丁玲搬到明瓦廊，'稍稍开了一点门'(丁玲《魍魉世界》中语)之后。"常任侠于1934年6月首见丁玲，不知为何，竟然没在日记中写上一笔。

难道是因为三天后陆印全否认了此事,常任侠也怀疑自己的眼睛和耳朵,所以删除了?还是1934年的日记已经遗失?事情一下子变得复杂起来。

居然有人假冒陆印全

1934年6月19日,《朝报》副刊又起波澜,刊出了陆印全的一封来信,说6月15日《否认曾见丁玲的一封信》竟然来自一个假冒的"陆印全",让真人陆印全"不胜骇异"。

编辑先生:

刻见贵报载有否认曾见丁玲之一信,下署鄙人姓名,不胜骇异。窃鄙人未写过此信,想为别人所冒名,鄙人书札,向以私章为凭。兹特来书,请于贵报副刊栏内,予以更正,曷胜铭感。敬祝

撰安

陆印全上

这封信的前面还有一个编者按《更正之更正》,一并录出:

十三日本刊载常任侠君报告丁玲女士消息一则，越日即有陆印全君来函更正，否认曾见丁玲，所用信封为国府参军处者。常君文中，仅称同行有一印泉，并未涉及陆印全君，而陆君起辩之语气甚为肯定，编者虽觉茫然，顾仍以此函付刊。不意"四五花洞"愈唱愈奇，今日又获一陆印全君之来函，(系中国文艺社信封，外书中央大学字样)竟否认前函出彼手笔，究竟此中有无其他玩艺，而亲见丁玲之说，真相如何，编者如入谜市，更觉索解不得。惟愿常任侠君，速以谜底见告，而不必更有第三号之陆印全君，为二度更正之更正，幸甚。

(1934年6月19日《朝报》副刊)

编者注意到，上回陆印全用的是国府参军处的信笺，这回陆印全用的是中国文艺社信封，外书中央大学字样。一个是政界兼军界，一个是学界兼文艺界，都叫陆印全(而常任侠称作印泉)。这两个人都知道常任侠所说的印泉，就是陆印全，这点没有疑问。

现在，学界兼文艺界陆印全否认前函出自他的手笔。换句话说，就是真的陆印全发现了有人在假冒自己的名字混淆事实。因为当时和常任侠同行的人中只有一个陆印全。

为什么会有人意图把见到丁玲一事的水搅浑,而又露出马脚来了呢?

国民政府参军处,1928年10月成立。设参军长一人,特任,秉承国民政府主席之命,指挥监督所属参军,掌理国民政府典礼、总务及宣达命令、承转军事报告事项。很明显学界兼文艺界的陆印全是没有这样的信笺的。究其原因,丁玲的消息一直并不为外界所知,现在忽然曝光,使得中统负责软禁丁玲的人无法交代,只得冒充陆印全来个辟谣,但还是不小心露出了破绽,被编辑看破了。

当时和常任侠一起看见丁玲的人,除了陆印全,还有张天翼、徐转蓬和高植,为什么那人偏偏冒充陆印全来"辟谣"呢?这也是很奇怪且难以解释的事情。

常任侠再谈遇见丁玲

1934年6月30日,《朝报》副刊上,当事人常任侠再次现身,证实自己遇见丁玲不假,以及对于丁玲事件的看法:

关于丁玲

前撰丁玲女士消息,披露本刊,旋即有人对此消息,加以更正。继复引起更正之更正,扑朔迷离,颇引起社会之疑惑。窃意此中或有政治秘密,未容为外人道,故置不辩。乃二三相识,数数垂问,本刊编者亦欲以"谜底"相告,故书数语,聊以塞责。余撰此稿之初意,不过欲使海内外关心丁玲者,知其尚在人间,可以得一满意之安慰;亦以见政府以宽大为怀,对于文人,爱护周全,并许自由,固不如社会之传说推测而已。夫为一文人,对于政治力量,实亦无足轻重,政府加以注视,似已过虑。即就其作品言,以中国文化程度之低下,读者亦至贫乏,可云不生任何影响,在其意识方面,或者对于社会现状,稍见不满,然治庖厨者,固需盐梅,要亦不废辛辣棘口之味;昔白傅身居贵显,尚歌民生之疾苦,以为当时士大夫告,若政府以为采风问俗之资,以改良社会之窳敝,则于政治且有助也。余确信丁玲仍在政府保护之中,即,如更生枝节,则将不复饶舌矣。

常任侠很明白丁玲现身在南京是一个敏感话题,"或有政治秘密",所以话说得很谨慎,尽量不放大这个消息,但也再次证明自己遇见的确实就是丁玲本人,"当时同遇丁玲者,至今亦均无异言"。确实,告知世人:丁玲还活着,本身就是一个好消息,也已经足够了。这也证明了假陆印全的否认函含有某种阴谋的成分,但毕竟在特务统治之下,丁玲人身尚不自由(常任侠说得很婉转:仍在政府保护之中)。常任侠也不想多事,影响到丁玲的生活。谣言止于智者,也就不复饶舌了。

据丁玲的《魍魉世界》说,她是在1934年5月搬到明瓦廊居住后,特务才对她放松监视,让她恢复与外界的接触。这种说法,与常任侠在6月份金陵春遇见丁玲正好可以若合符节,接上榫头。

常任侠在信中关于文人与政府的关系那一段,说得极其精彩,可再三回味。

丁玲在南京

从常任侠在1934年6月巧遇丁玲,又经过真假陆印全的迷雾,常任侠再次证实丁玲还活着之后,丁玲尚在人间已经不是一个新闻,只有丁玲在做什么才是新闻。在此后的《朝报》上,不时出现丁玲的新闻,我这里举三个例子,以见一斑。

丁玲如许"自在"(实诚)

丁玲,几乎人都忘了她,除朝副常登登她的一些消息以外。

七月十九日上午十时三十分,南京城里下了一阵毛毛雨,在内桥一家商店里,发现了一个携小孩,提花伞的女人。紫花的旗袍,黑皮鞋白袜,黄胖的脸儿,潮润的头发;我虽没亲眼见过丁玲,她的相片却见过许多,我确定无疑地是她。我问她是不是丁玲,她笑一笑没有答话,便带着她的小孩坐车子走了,远远地转入太平路而去。(1934年7月23日《朝报》副刊)

有见丁玲买菜者

本刊作者琪华君,寄此稿来,多肯定语。虽未知信否,而亦足为今日注意丁玲行踪者之参考也,故录之。(编者)

那时是一个星期的早晨罢!记者为了一些琐事,走过明瓦廊的菜市,只见有老的,俏的,男的,女的,大家携了篾制的篮子,熙来攘往的估量着吃的问题,就在这时,丁玲正也提了一只小小的篮子,走在菜市上,在东张西望的,购菜,买肉,她很自然底穿了一件薄薄的绸衫,当她和菜贩论斤价时,面上露出和蔼底浅笑。

她比以前肥白得多了,在记者的忖量,她的生活,一定很舒适和安定,当她购罢了菜后,就在张府园左近的一个大墙门内走了进去,那么,关于丁玲之谜,非惟她住在南京,而且已经确定了她住底地方。(1934年8月19日《朝报》副刊)

到1935年2月15日,《朝报》还在继续这个话题,有个署名书智的人,写的《丁玲在南京》在副刊登出,这位湖南人这样说:

丁玲在南京

记不起是哪一个时期,曾见报载丁玲在南京的消息,当时我只当它是一个不确的传说,但是这次却有真的消息告诉我,丁玲真的在南京。这是我的朋友亲自看见她的。事实是这样,某天,丁玲在某医生处看眼睛,而她从前的一个朋友也在那儿看病。她的朋友叫她,她却装作不认识,但她的朋友早已看出是她,将她拖住,这样她才和她的朋友打招呼,因此我很怀疑为什么她要和一切的朋友断绝往来,并且在这闭门不出的时候,并没有过怎样的努力于创作,难道就是这样的消沉下去吗?我真为之叹息,因为我一向是佩服丁玲,我常常这样自夸,湖南多人才,各色人物都有,就是女文学家也出了几个,我一向都是喜欢读文学作品的,尤其是女作家的,而女作家中我最关心湖南作家,其中尤以丁玲的为最,因为她的作风和思想都别致,我常常希望或者是默祝她更加的努力,将来于文艺界至少有一番的供献,可是事实却不然,听说她近来消沉得很,不大写文章,这也许是为了某种关系,不过我总觉得为了别种事情,而消沉自己埋没自己的天才,是最可惜的事。我希望丁玲要特别的努力,发展自己的天才,切不可因挫折而颓废,假如要成一个真的文学家,非有奋斗的精神不可,我希望丁玲女士在这样的环境中创造伟大的将来,这才是有真的精神。

一九三五,二,十,于汇文

丁玲在南京住了三年多时间,1934年,她活着且生活在南京的消息在报上曝光而为世人所知,直到1936年9月,在中统徐恩曾的同意下,她才离开南京,辗转进入延安,正式脱离了特务的魔爪。

是常任侠1934年6月巧遇丁玲,首先揭开了丁玲在南京的一个序幕。

辑二 | 奉茶

张爱玲书事摭拾

《传奇》故事

张爱玲为作品取名,喜欢沿用过去有名的书籍名,如《传奇》就是一例。唐代裴铏就有小说集《传奇》,同时,传奇还是过去小说的一种体裁,譬如我们经常说到的《聊斋志异》就是一种传奇体的文言小说。戏曲中也专门有传奇剧这个门类。她这样用,有一种出奇翻新的意味,还给人一种似是而非的感觉,总之,让人有新鲜感,真是挺聪明的。

1944年夏,《传奇》出版了,《力报》上的文海犁写了篇《〈传奇〉印象》,比较了张爱玲与苏青关于营销的不同侧面:

> 张爱玲的《传奇》出版了,每本是亲笔签名,赠送照

片。苏青的《浣锦集》签名只限精本(引者按,即精装本),这一回,张爱玲则一视同仁,"普济众生",不过这位密司张的手要签酸了。

《传奇》初版定价二百元,签的名字是张爱玲的英文名。我们现在看到张爱玲的中文字比较稚拙,像初中女生的字迹,用英文签名,正好可以规避笔迹方面的不足,也有点对自己的名字"爱玲"比较俗气而规避的意味。虽然张爱玲后来写过《必也正名乎?》一文,表示对自己名字的认同,但基于过分重视就是内心存在缺憾的定义,爱玲这个名字在她人生某一时期,曾经对她有所困扰是可以肯定的。

文海犁说张爱玲的签名,"是一条倾斜的打圈的曲线,颇有曲线美,不过,又像蚯蚓,又像蛇,这怕是张爱玲的标记,我觉得倒也说明了张爱玲作品的风格,曲折有致,极有诱惑力"。

这话有点儿促掐(吴语"使坏"的意思)的意味,在暗示张爱玲的作品充满魅惑,但贬多于褒。我们看当年人们对张爱玲的评价,普遍都不算高,且对她作品的畅销怀有妒意。只有两个人是例外,一个当然是胡兰成,他写了《我看张爱玲》,对张爱玲的作品表达了那么卿卿我我的爱意;另一个则是邵洵美,他并没有公开谈张爱玲,不过我们却从当

年房紫(倪弘毅笔名)的一篇文章《徐州·南京·上海》里,看到了他对张爱玲作品的评价:

> 邵(洵美)忽又说到张爱玲的文章,他口口声声说张的文章比他自己还要写得好,说她有前途,有无限止的材料可以写,可以与中国的名作家"共入不朽"。他搬出许多外国作品、外国作家来与张比较,我不懂西洋文学,所说的名字都记不起了。

"共入不朽!"这恐怕是我们所知当年文坛上对张爱玲最高的评价了。邵洵美文学品赏眼光之佳,令人惊诧,他对张爱玲的期许完全符合张爱玲的历史定位。

张爱玲的《倾城之恋》

张爱玲的中篇小说《倾城之恋》,被收入小说集《传奇》,后来也出过小说集《倾城之恋》。

这篇小说的题目也使用了中国典故,不过,用的典故没有翻新出奇,恪守原意。首见《诗经》之《瞻卬》:"哲夫成城,哲妇倾城。"《汉书·外戚传》:"北方有佳人,绝世而独立,一顾倾人城,再顾倾人国。"这里的倾是倾覆的意思,在过去总带点儿女人祸水的味道。张爱玲把小说起名《倾城之恋》，与小说背景地香港被日本侵略者占领意义相合，另外还带点儿轻喜剧风格。

范柳原和白流苏的恋爱，与香港的被占领没有直接联系，然而他们的恋爱修成正果与香港的沦陷有着必然的关系。简单地说，在上海揭开的恋爱序幕，在沦陷之城香港意外地修成了正果。

对这篇小说，张爱玲多少有点儿偏爱，她特意写过一篇《写〈倾城之恋〉的老实话》，发表在1944年12月9日的《海报》上。她承认这篇小说有些毛病："《倾城之恋》因为是一年前所写的，现在看看，看出许多毛病来，但也许不是一般的批评认为是毛病的地方。"这话可以看出张爱玲对自己作品的自信与高要求。

张爱玲说，这篇东西是一个动听而又近人情的故事，她要表现"那苍凉的人生的情义"，对于这句话，似乎当年的人们都没有感觉，大概大家都处在沦陷时期那苍凉的人生之中，反倒不能感知真切了。如今的评论家却都认可张爱玲的这个说法，充分挖掘了张爱玲小说中苍凉的美学意蕴。看来，名篇往往到了后世才会拥有很多知音。

举个例子，1944年12月1日《上海影坛》的剧讯栏刊出一篇《〈倾城之恋〉上舞台》，一开头就评价说：

张爱玲的小说有人说好,也有人说"没啥道理",毁誉均有。但假使粗粗的加以统计,则还是誉过于毁的,无论在口头上,或报章上。而她的辞藻的瑰丽,驾驭文学技巧的熟练,更几乎是被一致承认的。

看到这样的评论,说实在的,与其被他捧,还不如被他骂,盖搔不到痒处也。天才是不被当代人理解的,是寂寞的,这话有道理。这里借范烟桥(含凉)的一首诗结束本文:"倾城一顾倾城恋,妙语如珠设想工。世变自己凭借处,可怜人力有时穷。"(《海报》1944 年 12 月 24 日)

从《不了情》到《多少恨》

张爱玲的通俗小说《多少恨》,脱胎于她的电影剧本《不了情》。

它的故事情节基本是这样的:某日,虞家茵(陈燕燕饰)在电影院门口等朋友,哪知道朋友有事不能来了,不愿独自一人的虞家茵将电影票转让给了偶遇的男子夏宗豫(刘琼饰)。之后,虞家茵经人介绍来到了亭亭(彭朋饰)家中担任她的家庭教师,亭亭的父亲常年在外工作,聚少离多,亭亭感到十分孤单。

某日,亭亭的父亲回来了,没有想到的是,此人竟然正是一起看电影的夏宗豫。夏宗豫渐渐爱上了家庭教师虞家茵。早年抛弃了虞家茵的父亲回到了女儿身边,想让女儿给他找个工作,遭到了拒绝,又厚着面皮向夏宗豫敲诈,四处散布虞家茵和夏宗豫的谣言,掀起了一场风波。夏宗豫长住乡下的太太赶到上海来吵闹,夏宗豫向家茵诉说自己的苦闷,决定要和太太离婚,并向家茵吐露求婚的心意。家茵"经过理智与情感的挣扎",觉得夏太太也是一个可怜的人物,她不忍从她手里夺去她的丈夫,于是决定独自离开,到外地教书,她偷偷地上了船,等到宗豫赶去看她,已经是人去楼空了。

1947年,电影《不了情》在上海上映后,《力报》刊登了周小平写的一篇《观〈不了情〉后》,在这篇文章中,作者除了觉得电影的悲剧性还不足之外,还点出了一个大家都没有看出的含义。周小平认为张爱玲通过《不了情》,借虞家茵和夏宗豫的孽缘,在告诫年轻女性,切莫和有妇之夫谈恋爱。情不易了,爱也难忘怀,于是今日只能带了多少恨离去。这是不是张爱玲要表达的意思呢?我们真不知道,但周小平的看法也许与张爱玲爱恋胡兰成失败颇有关系,初恋影响人生,他觉得《不了情》是张爱玲的自况。

这部影片由张爱玲编剧,桑弧导演。当时两人关系颇密,张爱玲写这个剧本,其实也是在向桑弧示好,递投名状,反思自己和胡兰成之恋的轻率和鲁莽,就像虞家茵爱上夏宗豫一样。

值得注意的是,电影《不了情》在1947年4月上映,她改写的小说《多少恨》在1947年的《大家》杂志第二期、第三期就连载出来了,具体时间大概在5月到6月。在一个多月的时间里,张爱玲的不了的情一下子演变为多少的恨,暗示了大家,她和胡兰成过往的情已经变成了现实的恨,至此两人之间已经恩断义绝。对胡兰成的认识发生了变化,是从温州探胡兰成回来了?换句话说,张爱玲已经在心理上做好了弃旧迎新的准备,妾心低到尘土里,并从尘土里开出花来,这回献给的是桑弧。

冻疮与散文《华丽缘》

当1947年4月散文《华丽缘》在《大家》杂志创刊号上刊出时,张爱玲特意在题目下加了一个注,这题目译成白话是"一个行头考究的爱情故事"。《力报》上随即有个作者海士,接上了张爱玲的话茬说,我们正可以在张爱玲的名字之下也加一个注:这是一个行头考究的爱情故事的作者。

《华丽缘》是小说《小团圆》的前身或准备,同样写了她此前到浙江乡镇寻找胡兰成的故事。这里写了1946年张爱玲在浙江乡间看了一场绍兴戏的经过。这场看戏的经历和看戏引发的自我思考给张爱玲带来了刻骨铭心的情感震悚。整篇文章其实一直是一种置身事外的旁观眼光和心态,旧情已逝,新人未来,一切都是空落落的,眼前的人和事,舞台上的戏,都是片段的,不连贯的,意识流的。有很多空缺需要用心填补,热闹是外在的,人生不免荒凉和寂寞,因为人生如戏。

海士认为,张爱玲的小说和散文,细腻是写得细腻极了,但似乎细得近于琐屑,腻得有点累赘,说得具体而不客气一点儿,便是"太做作了"。不过作者又把话拉回来,说张爱玲对于色彩的渲染真是独到,有几小段,有几小句,也实在有一种说不出的使人舒服之处。这并不是很高的评价,但代表了当时人们普遍的观感,他们,特别是男性作家,在苏青与张爱玲之间,往往更倾向苏青,觉得苏青要好于张爱玲。苏青是带点儿男性化的,无所顾忌的,大胆的,仿佛是一个半裸的女性的诱惑,给男人带来轻亵的遐想,而张爱玲是细腻的,贵族化的,矜持的,并且有点儿做作的,男人们不免有点敬而远之。

然而,两天之后,马上有人说到张爱玲两手戴手套的问题,说张爱玲连吃饭也双手戴着手套。是讲卫生,还是礼貌呢？都不是，是因为她的双手上冻疮多得吓人，东疤西块，此红彼紫，于是只能一直戴上手套遮丑。这么说，不过是对华丽之缘和考究之故事做个调侃，想恶心一下大家罢了。但他忘了，正是这双长满冻疮的手，为我们留下了极辉煌绚烂的文字，这一点上，苏青出口无忌的大胆随着妇女的解放，早已黯然失色，张爱玲的华丽却和我们有缘，并装饰着我们的想象。

《描金凤》

张爱玲写过《描金凤》一书，是很早就在报刊上宣布过的。1945年4月出版的上海《杂志》第十五卷第一期的"文化报道"栏内有如下一则短讯：

> 张爱玲近顷甚少文章发表，现正埋头写作一中型长篇或长型中篇，约十万字之小说：《描金凤》，将收在其将于不日出版之小说集中。

我们都知道，张爱玲最终没有写成这样一部长篇小说。长篇小说的创作需要较长的时间，1945年4月到抗战胜利不过五个月，且中间还有一段时间准备与胡兰成结婚，所以她没有写成这个长篇也是可以理解的。俗传张爱玲与胡兰成结婚是在1944年,这是不确的,是上了胡兰成《今生今世》的当,书里所写,不过是私订终身,张爱玲还是期望胡兰成和她有个体面隆重的婚礼,而这个婚礼,据当年报纸的报道,本订在1945年8月初。然而,与《倾城之恋》促成婚礼不同,胡兰成移情别恋护士小周,以及日本随之而来的投降,其实早在预定的婚礼之前把两个人的婚姻拆散了,这是远远出乎写《倾城之恋》的张爱玲的意外的。

到1946年,还有记载说她仍在创作《描金凤》。据《上海滩》1946年9月22日刊登的上官燕的文章《张爱玲重述连环套》说:观乎《传奇》《流言》翻版生意之好,故而张爱玲暇来握管,又在赶着两大"杰作",其一为宣传已久之《描金凤》,其二即在《万象》月刊一度登过的《连环套》。

1946年4月1日的《上海滩》有一篇《张爱玲征婚》(署名将往)也谈到《描金凤》:

> 张爱玲自从与胡兰成分离后,一个人孤伶伶似的坐在闺中,好不寂寞人也,于是闲来写写小说,写的啥,乃长篇《描金凤》,她表示我张爱玲不是起码角色,照样我的书有销路。

然而这两篇小说,《连环套》自腰斩之后,没了下文。《描金凤》是但听见脚步声,一直没有看见下楼人,甚至后来连手稿也毫无踪影。

这篇小说的题目,依然是"拿来主义",借用苏州长篇评词《描金凤》。张爱玲在《流言》的《谈音乐》一文中就谈到《描金凤》给她留下的印象:

> 弹词我只听见过一次,一个瘦长脸的年轻人唱《描金凤》,每隔两句,句尾就加上极其肯定的"嗯,嗯,嗯",每"嗯"一下,把头摇一摇,像是咬着人的肉不放似的。对于有些听众这大约是软性刺激。

评弹《描金凤》是老套的落魄书生徐惠兰被富家小姐钱玉翠看中私订终身,最后大团圆的故事,它还有一个更通俗的名称叫《钱笃笤求雨》。当年以说书名家夏荷生说这书最为有名。

张爱玲的笔下当然不会是这样的俗套,但又会是什么呢?没有一个人知道答案。

张爱玲的打油诗

1945年4月7日,上海《平报》的副刊《新天地》刊登了一篇署名小平的短文《"红帮裁缝"张爱玲》。

这个小平,是《平报》的一名记者,真名周小平,与这几年为人熟知的网红周小平同名同姓同性别。从年龄上看,两人称得上是祖孙辈,思想上却大相径庭。我要说的周小平,是上海小报的记者周小平。

小报记者从不抒写宏大题材,他只写身边琐事。

短文《"红帮裁缝"张爱玲》写的是一束文坛花絮,其中三条与张爱玲有关,摘录如下:

苏青开杂粮行,未见事实,张爱玲做红帮裁缝,今已实现。女作家多一生财之道。

张爱玲于学生时代是一个不烫发,衣服不入时,态度沉默,很少说话,不交朋友,不活(引者按:原文如此,疑漏了一个"泼")的,懒惰,精神萎靡不振,骨瘦嶙峋之少女。

"橙黄眼镜翠蓝袍,步步摆来步步摇。师母裁来衣料省,领头只有一寸高。"——张爱玲作嘲某教员诗。

看得出,小平对张爱玲蛮熟悉,知道一些张爱玲的"进行时"和"过去时",特别是张爱玲学生时代的故事。小平曾写过一篇《与潘柳黛同车》的文章,可见此人与当红女作家都有一定的联系。刘郎(即江南第一支笔唐云旌唐大郎)的《定依阁随笔·谨为刘琼辨白:致周小平兄书》(《海报》1944年12月3日)点评周小平:

> 小平兄:每天小报读得很多,大报只看一份《平报》,"新天地"自然必读,"东南西北"尤其一字不漏。我太喜欢你的笔墨,我以为像滕树谷的文章,在上海终成绝响。不料还有你,你所不如他的,那一份十三点不像十三点,神经病不像神经病的语气,真有颊上添毫之美。这是各人个性的关系,但你所有的神来之笔,也实在太多了。

这是滑稽突梯的笔法,并不见得是赞扬,但可以知道小平是一个很有个性、笔下颇有神来之笔的文人。

在小平的笔下,张爱玲的服装店"今已实现",是已经开成,与如今研究者说的张爱玲、炎樱的服装店未开成有异。未知孰是?我倾向于小平的说法,他就在上海,又这么活跃,对女作家的了解又这么多,岂会弄错?

小平写张爱玲学生时代的形象,与张爱玲的弟弟张子静的说法若合符节,也是可信的。小平还写到张爱玲嘲讽某老师的一首打油诗,不妨再抄一下:

> 橙黄眼镜翠蓝袍,步步摆来步步摇。
> 师母裁来衣料省,领头只有一寸高。

说实话,这首张爱玲的少作写得不过如此,表述了老师的服饰、步态,性质上与张爱玲在《流言》中的漫画有点儿接近。这首诗主要嘲讽了某老师的这么几个方面:穿着色彩搭配的不当,走路姿态可笑,衣着怪异(领头低)。学生写诗讥讽老师,以我的经验,基本出于对这个老师的学术和为人缺乏好感的缘故,但凡令人钦敬的老师,学生自会原谅他别方面的不足。

这首诗应该不是小平直接从张爱玲那里要来的,而是来自当时圣玛利亚女校学生间的同人小刊物《国光》。张爱玲当年匿名发表过两首打油诗,这是其中一首,还有一首则是"夫子善催眠,嘘嘘莫闹喧。笼袖当堂坐,白眼望青天"。这首诗讽刺的老师也是为学生瞧不起的。老师讲课等于给学生催眠,不让学生喧闹,学生不肯听,只有袖手望天,等学生自己安静下来。完全是一副教师于教课绝望、于学生无奈的形象。

虽然是匿名,但当年学校圈子里都知道背后的作者是张爱玲,因此小平在上海获得张爱玲学生时的这个"故事"应该不难。

在周小平笔下,张爱玲是"一个不烫发,衣服不入时,态度沉默,很少说话,不交朋友,不活(泼)的,懒惰,精神萎靡不振,骨瘦嶙峋之少女"。但是,在这样的形态之下,她却可以称得上是一座活火山,沉默的外表下,涌动着文学的细胞、讽刺幽默的趣味和天才少女对老师的逆反情绪。

《胡蝶辟谣》背后的另一种内幕

胡蝶赴京拍摄电影一事,发生在1931年9月中旬,《上海画报》在9月18日的报纸上刊登的《胡蝶女士北游记》详细报道了此行的目的:

影界第一美人胡蝶女士,为明星影片公司台柱,在红牡丹如此天堂二片中,国语清晰,舍王献斋君外,罕与伦比,以粤人而能操国语圆熟如此,洵为美材。今与明星总理张石川及导演洪深二先生夏佩珍女士美国摄影师一行六人,定于今日遵陆北上,直达北平,其寓所已由张恨水先生代为赁妥,其余诸演员则已于日昨乘轮由津登岸,因道具甚多,不能不由轮转运,非惜费也。所摄之片,一为啼笑因缘,恨水先生原著,严独鹤先生编剧,共四十本,摄作有色无声,或插有声数段;二为胭脂井,系光绪珍妃故事,庚子拳乱,为慈禧落井下石者,哀艳得未曾有,摄作有声有色巨片,胡女士初次观光旧都,风物宜人,必更多佳构。至沪上明星摄影,并不停顿,仍由周剑云郑正秋徐欣夫诸先生主持一切,照旧进行云。

看似平常的一次电影拍摄,其结果却掀起轩然大波。

1931年11月21日,上海的大报《申报》在显要位置刊出了一份"辟谣"和一份"声明",发布者分别是影星胡蝶和明星影片公司。全录如下,酌加标点:

胡蝶辟谣

蝶于上月为摄演影剧曾赴北平,抵平之日,适逢国难。明星同人乃开会聚议,公决抵制日货,并规定罚则,禁止男女演员私自出外游戏及酬酢,所有私人宴会一概予以谢绝。留平五十余日,未尝一涉舞场。不料公毕回申,忽闻海上有数报登载蝶与张副司令由相与跳舞而过从甚密,且获巨值之馈赠云云。蝶初以为此种捕风捉影之谈,不久必然水落石出,无须亟亟分辨,乃日昨有日本新闻将蝶之小影与张副司令之名字并列报端,更造作馈赠十万元等等之蜚语,其用意无非欲借男女暧昧之事，不惜牺牲蝶个人之名誉，以遂其诬蔑陷害之毒计。查此次日人利用宣传阴谋，凡有可以侮辱我中华官吏与国民者，无所不用其极，亦不仅只此一事。惜事实不容颠倒，良心尚未尽丧，蝶亦国民一分子也，虽尚未能以颈血溅仇人，岂能于国难当前之时，与负守土之责者相与跳舞耶?!"商女不知亡国恨"，是真狗彘不食者矣。呜呼！暴日欲遂其并吞中国之野心，造谣生事，设想之奇，造事之巧，目的盖欲毁张副司令之名声，冀阻止其回辽反攻。愿我国人悉烛其奸，而毋遂其借刀杀人之计也。

明星影片公司张石川等启事

胡女士辟谣之言尽属实情实事，同人此次赴平摄取啼笑因缘旧时京华自由花等外景部分，为时几近两月，每日工作甚忙，不独胡女士未尝违反公司罚则而外出，更未尝得见张副司令之一面，今番赴平之男女职演员同住东西牌楼三条胡同十四号后大院内，每值摄片，同出同归，演员中更未尝有一人独自出游者。初到及前数日或出购买物件，亦必三五成群，往返与偕，故各人行动，无不尽知，同人非全无心肝者，岂能容女演员作此不名誉之行动？尚祈各界勿信谣传，同人愿以人格为之保证焉。归自北平之张石川洪深董天源等全体职员及郑小秋龚稼农夏佩珍等全体演员同启

胡蝶辟了谁的谣言呢？

从正文中可以看出，他们要辟的谣言有两处：其一，"海上有数报登载蝶与张副司令由相与跳舞而过从甚密，且获巨值之馈赠"；其二，"日本新闻将蝶之小影与张副司令之名字并列报端，更造作馈赠十万元等等之蜚语"。

对待沪上数报的消息，胡蝶尚不以为意，"初以为此种捕风捉影之谈，不久必然水落石出，无须亟亟分辨"，随后日本新闻中出现的"蜚语"，才是她急着辟谣的动力。盖时局正好是"九一八"之后的两个月，东三省虽然因为不抵抗政策而被日本人侵占，但由于马占山等抗日派的坚持，日我双方还在不断争夺。在此敏感时期，出现这样的传闻，不仅于胡蝶本人，而且于肩负东三省守土之责的张副司令张学良也相当不利：江山与美人，如果选择后者，等于就是指责张学良在卖国。这不但是负东北守土之责的张学良，也是影星胡蝶担当不起的骂名。"商女不知亡国恨，隔江犹唱后庭

花",这是将被钉在历史耻辱柱上不得翻身的骂名。而以张石川领衔的"声明",则在根本上否定了在北京期间胡蝶与张学良交往的可能:"演员中更未尝有一人独自出游者。"这"辟谣"与"声明"的联袂出现,措辞严密,仿佛将军各守一隅,风雨不透,基本上杜绝了社会上关于胡蝶与张学良交往的各种臆测和猜想。

沪上报刊载了什么?

我们不可能看到当年上海所有的报纸,但据我的了解,胡蝶所指的起码有这样两种,一种是邹韬奋的《生活周刊》,一种是日本出版的大阪《每日新闻》。

邹韬奋的《生活周刊》是当年发行量很大、影响很广的刊物,在舆论界很有地位。1931年11月14日发行的《生活周刊》第六卷第四十七期的"信箱"栏目,以通信的形式,刊发了一篇署名越民的来信,见如下。

> 执事先生:寄上《火把》一份,请采用《不爱江山爱美人》的消息吧。这样寄去,未知能否递到,或者不出北平一步,已经是被扣留了。但愿此函漏网。不然,远地之人,多有不幸而不知者。专此,敬祝撰安。 越

民。十月廿六早

不爱江山爱美人

一月以前,日人攻沈之夕,某青年长官尚在中和看梅兰芳,至十时许,梅伶迟迟不出台,而沈阳之急电无已,长官为之顿足再四,悻悻出院。此夕再往,观众大哗,于是逮捕十余人。(平津各报无敢登者)近日上海明星公司明星胡蝶女士来平,长官好整以暇,于打完高尔夫球之暇,颇与女士有所酬酢,故大受女士之垂青云。

编者按:我们承越民君由北平寄来的这份《火把》,上面写着"燕大抗日会宣传股燕大学生会周刊部合出不定期刊",又写着"二十年十月十九日第十期",凡对国族危亡具有赤诚与肝胆者,对于这种的"长官"当然不免悲愤,越民君之冒险见寄,亦必为此悲愤情感所驱使,但记者以为"观众"对此等事,尚知道"大哗",可见人心并未死尽,这未死尽的人心,就是民族也许有生望的一线曙光,我们应使全国未死尽人心的人组织起来,扩充起来,共同奋斗,共同制裁已死尽人心的人之行为。

消息来自燕京大学抗日会宣传股燕大学生会周刊部所出的不定期刊物《火把》,是差不多一个月前(10月19日)出版的刊物,由于当年的信件检查,这位署名越民的人也不知道能否把消息传递到上海。然而,竟然真的传到了,且为《生活周刊》用通信的形式刊载了出来。

《生活周刊》转载的来自《火把》的短文《不爱江山爱美人》,讲的都是与"某青年长官"有关的逸闻(《火把》是北平的刊物,处在张学良势力的核心地带,所以只能隐去其姓名):其一是一个月前,沈阳沦陷的紧急关头,其人还在中和园看梅兰芳的演出,而沈阳沦陷之夜,他又来到中和观看梅剧,因此而逮捕了十余不满他所为的民众;其二是近期,他与影星胡蝶一起打了高尔夫球,并进一步暗示两人关系密切。毫无疑问,这个"某青年长官"不作第二人想,正是退出沈阳、驻节北平,应该军书旁午、努力收复失地的张学良。

《生活周刊》特地加了个编者按,用语悲愤而严厉,把中国人分为"人心并未死尽"和"已死尽人心"两类,欲用前者来对付后者,特别是"共同制裁"一词,已经带有煽动与威胁的性质。对于这些,明星公司和胡蝶还不太放在心上,从《火把》的刊出,到《生活周刊》的转载,事情已经缓慢发酵了一个多月(10月19日至11月14日)。

这时,上海的《新大陆报》翻译刊载了来自日本大阪的报纸《每日新闻》的消息,这个报道还堂而皇之地把张学良的肖像和胡蝶的肖像并排刊出。据《克雷斯》报转述,大略为:"胡非特与张副司令偕赴哥(高)而夫球场彻夜纵乐,且一度为张软禁私邸。缘以张应蒋召来京时,胡未允同机南下之故。张以一微弱女子,竟敢违抗司令意旨,实属胆大妄为,为惩一儆百计,遽加处罚。迨张返平,明星即向提出交涉,以十万元了事云云。"两国开战,敌国居然公然报道如此情节,且还加添了"馈赠十万元",顿然使得明星公司和胡蝶感到情况的严重性,于是才有了上述的辟谣和声明。很明显,日本报纸和《生活周刊》的消息来源并不一致。

马君武的《哀沈阳》

马君武《感时近作》为大标题的《哀沈阳》二首是火上浇油之作。它于1931年11月20日出现在上海《时事新报》上,早于《胡蝶辟谣》和《张石川声明》一天:

赵四风流朱五狂,翩翩蝴蝶最当行。
美人帐中英雄冢,哪管东师入沈阳。

告急军书夜半来,开场弦管又相催。

沈阳已陷休回顾,更抱佳人舞几回。

马君武当时其实在武汉,他是耳闻(或看了报纸报道)而写了这两首诗,针对的正是因为不抵抗而造成沈阳沦陷的张学良。赵四是大家熟悉的赵一荻,当时是张学良的绯闻女友,朱五是北洋政府内务总长朱启钤的五女儿朱湄筠,也是张学良的绯闻女友,后来成了张的秘书朱光沐的妻子,还有就是"翩翩蝴蝶",即影星胡蝶。《生活周刊》此前曾发表《东北的漆黑一团》(1931年10月24日第六卷第44期)一文:"少帅的确没有名义上的姨太太的。然而后宫佳丽却足有数十人,这数十位实际姨太太,优伶也有,娼妓也有,次要人的太太小姐也有。总而言之,他的秽德,在东省是彰闻的。他的大烟瘾也是盖世无双,一枪在手,美人在怀,神魂颠倒,乐不思蜀,无怪乎日兵一到,只能把辽、吉揖让恭送。"马君武的这两首诗进一步坐实了少帅生活的荒淫无耻和不抵抗的卖国行为。真可谓"战士军前半死生,美人帐下犹歌舞"也。

细味这两首《哀沈阳》,其实有一个时间上的演变和空间上的转换:从时间上说,是从东师入沈阳到沈阳陷落;从空间上看,由美人帐中和三个女人(赵四、朱五和胡蝶)的床上纠葛,到开场弦管的戏园子看戏,再到舞厅大跳其舞,并不是说同一时间里(确切地讲,是沈阳沦陷之夜)发生了所有的事情,然其谴责的主角正是主政东北的张学良。马君武的这两首诗其实只是说,一个荒淫无耻的少帅,沉浸于美人的温柔之乡,造成了东三省的沦陷。

这两首诗的影响很大,到如今还为人熟知。梅绍武先生曾撰文为胡蝶辟谣,他说沈阳沦陷之夜,张学良正在北平开明大戏院看父亲梅兰芳的表演,不可能和胡蝶起舞。胡蝶当时也不在北平。这样的辟谣文章还有不少,如秦瘦鸥的《对胡蝶的再认识》(收入《海棠室闲话》),提出人们是误读了马君武的诗句。因为胡蝶出现在北平的日子是1931年9月底到11月初,并不是"九一八"沈阳沦陷那天。

《胡蝶辟谣》之外的另一种内幕

面对报纸上的各种传言,上海烟公司出版的《克雷斯》报的编者看在眼里,急在心中,早就忍不住了,作为胡蝶的朋友,在《胡蝶辟谣》和《张石川声明》刊出的前一天,《克雷斯》报就自告奋勇站了出来,为胡蝶辟谣。

但是,与《胡蝶辟谣》和《张石川声明》不同的是,《克雷斯》报的辟谣不是一推了之,而是以公布事实真相来廓清胡、张之交的迷雾,他们认为这才是破除谣言的最好办法。

《克雷斯》报是上海烟公司出版的三日刊,这篇署名"开麦拉"的《为胡蝶辟谣并宣布事实真相》分成上下篇在11月20日和11月23日的《克雷斯》报上连载(笔者按:开麦拉是拍摄电影中的专用名词,此人主持的版面是影剧信息专版)。看得出,开麦拉事先没有和明星公司及胡蝶通气和对口径,以至于《克雷斯》报上的事实真相与明星公司的声明和胡蝶的辟谣,在内容上大相径庭,卯不对榫。因此,也为这件疑案留下了思考和探索的空间。

从认知性和真实性两方面来探究,胡蝶既然那一段时间都在北平(五十多天,近两个月),以大家对张学良的认知,他会无动于衷吗?开麦拉认为:"胡蝶素以美艳震张副司令之耳,本非一日,乃既临其统辖之地,焉忍坐失良机?"而从真实性来讲,开麦拉又深知"胡蝶为副张素识者",况且,张的过房儿子和胡蝶交往被洪深撞见以及张石川与胡发生冲突,这个真实事件正发生在胡蝶赴北平期间。这样的内幕披露说明作者是一个深知内情的人,至少他有内幕消息的来源。

从《胡蝶辟谣》的内容来看,其无疑是针对上海数报和日本大阪《每日新闻》(转载于《新大陆报》)的报道而言的,他们认为只要否定了胡蝶和张学良相识这个基本情节,一切都迎刃而解了。

因此,《胡蝶辟谣》就是从这个要点出发的,既不相识,何来酬酢和赠款呢?《胡蝶辟谣》的妙处是,主要把造谣责任直接推给日方,客观上造成如果再让这个谣言延续传播下去,在当下就等于是给日本侵略者充当了打手,对自己的国家不利。他们试图用这个手法阻止"谣言"的继续传播。

然而,事情远没有表象这么简单。

虽然明星影片公司到达北平时确实有男女演员不得自由行动的规定,但以美艳著称的当红影星胡蝶实际上并没受到这个规定的约束。

我们来看看开麦拉的独立描述:

> 本刊接得读者惠赐此类稿件或致函叩询真相者,积有三十余起之多,于是引起记者探询此事内幕之决心。两日来辗转获得材料颇多,因悉读者求知甚切,亟为文录出,并刊倩倩君之一稿,藉明外界对此事之注意与意见。

> 张副司令邀胡蝶玩高尔夫球,事或有之,良以张副司令闲情逸致,本不甚关怀国事,沈阳被陷时,张犹热烈沉醉于笙歌喧天之中,现大局陷于不救,在张自觉更无须多劳心计,而胡蝶素以美艳震张副司令之耳,本非

一日,乃既临其统辖之地,焉忍坐失良机?明星此时难以制止行动,拟议在先,然亦何奈之何耳。

又有张少帅之过房儿子亦胡姓,涎胡蝶美,欲思染指,以张副司令故,每逡巡不前,胡勉与周旋,偶相偕购物,路中突被洪深瞥见。(以上刊于《克雷斯》报11月20日)

洪深本为快嘴姑娘,见胡蝶与副张过房儿子偕游于市后,认为与公司所拟议者不合,遂于当晚召集各重要分子举行一会议,胡蝶亦参加。是时胡蝶明知此会议为本人日间之事而召开,殊未免使人过意不去,但仍力持镇静。洪深乃态度激昂,起立演说至半个小时之久,无一语不指胡蝶而发,惟始终指槐骂桑,无切实显明之事实根据。胡闻之实亦无可如何,不意洪最后曰:"未免在此地至多不过两个月,大家就是熬一熬未也能过去……"此语非仅使胡蝶不欢,即其他女演员亦颇觉难受,语意似太刻毒,语气又不甚雅洁,在洪深虽因爱护之弥切,不觉言之过燥,然而哑子吃黄连之胡蝶,至是却深有感触,味洪深之所谓"敖一敖"者,当具不可思议之妙意在,若以喻"偕游于市",则未免冤枉煞人哉。胡遂于散席后,入卧室啜泣甚恸,午夜未入睡,越日过房儿子又来，盖未知昨晚临时会议之事，意欲邀胡蝶观影。当时气焰逼人，遇张石川于室外，张询以何来，过房儿子乃不服气，出言益骄，触张怒，即相讥，继以辱骂。张含怒掴之以掌，清脆可听。过房儿子猝不及防，颊间顿觉火热，欲回击，旁人已拥至甚众，力为排解，过房儿子以众寡关系，移时即赧颜去。事后忽恐因此多事，该过房儿子必不甘服，设或诉于过房爷之前，副司令委实不易周旋。当时亦有以该过房儿子系冒名招摇者，故仍泰然处之。越数日，消息杳然，而过房儿子纵乐酒色，一似以旧，于是张等皆释然。后经探听，此过房儿子实系张副司令承认者，货真价实，并非赝鼎，其所以忍辱不谋报复者，亦自有其原因焉。

按值此国难当前之时，副张极力避免逆民意之事，况胡蝶为副张素识者，则该过房儿子自不敢使此事扩大风潮。苟发动此风潮非特将助长过房儿子与明星公司之争端，副张之于过房儿子，亦殊不免爱河掀波，则节外生枝，过房儿子终必失败者耳。现明星公司职演员已全体返沪，相安无事。过房儿子自吃耳光后，未尝一涉足明星女演员之地，明星亦未尝因此受任何暴力压抑也。（以上刊于《克雷斯》报11月23日）

这篇文章最值得注意的有三点:作者毫不讳言地认为张学良与胡蝶相识,"胡蝶为副张素识者",这点说得相当肯定,板上钉钉。这在《辟谣》《声明》刊出后的第三天出现,无疑是要有相当的勇气和担当的。这是其一。张学良和胡蝶玩高尔夫球,事或有之,这属于世人共同的认知,这是其二。最后,张学良有个胡姓的过房儿子,当胡蝶在北平拍摄电影时,两人过从甚密,不仅被洪深在路上撞见,胡姓还和张石川起过冲突。对十万元的馈赠一说,此文不提,可见也认同确是谣言。

开麦拉的这篇文章,披露了一个在北平时胡蝶与张学良的胡姓过房儿子交往,以及胡姓与洪深、张石川之间纠纷的内幕故事。这个故事的披露,进一步佐证了开麦拉握有内幕,身份权威。

文章中,这位署名开麦拉的作者依然坚持自己的看法和立场,不惧《胡蝶辟谣》中为虎作伥的暗示,他的勇气是值得赞扬的。因为在开麦拉看来,事实真相才是最好的辟谣,而不是为了推脱干系而说谎的辟谣。

辟谣其实有很多方法,最干净利落的是一推了之,完全撇清,这是最容易的做法,也是最经不起质疑的做法,一旦发现有一处例外,则谎言必须用更多的谎言去圆,最终不堪一击。其次,公布真相,去伪存真,就拿这件事来讲,开麦拉告诉大家:胡蝶与张学良认识,胡蝶是独自出去过,但不是与张学良交往,张学良也不是不爱江山爱美人,美人也爱,江山在念。这样的辟谣其实也很成功。前者为《胡蝶辟谣》和《张石川声明》所用,后者则是《克雷斯》报上开麦拉的方法。

这里再把上文提到的倩倩君的《胡蝶仔细临劫运》一文全录如下:

> "不爱江山爱美人",(是)最近在《生活》上,看到的通信。其实,那位先生也太好事,无疑的是一位傻子。在这个年头儿,除了金钱之外,美人是当今之世最值钱的宝贝。胡蝶是海上的一颗明亮亮的天上少有的星,——便是美人——我们副司令张少帅,是地下无双的一位风流兼倜傥、镇静不抵抗的中国甘地——便是英雄——英雄和美人,从古以来便生了纠葛。历史告诉我们许多英雄和美人不能须臾离的事实,他(英雄)与她(美人)正如手臂之相连,又好像大便时的小便,一般的发生连带关系,何况胡明星是天上少有,张少帅是地下无双,只是"胡蝶仔细临劫运"。

这篇短文也明白暗示了胡、张之间的交往,并箴规了胡蝶的行为。

《克雷斯》报在 11 月 23 日还刊出了一篇胡蝶同事杨耐梅的专访,谈张学良与她的正当交往,也同样暗示张学良与胡蝶之间存在这样的"君子之交"。

余 闻

胡蝶与张学良是否相识,有无交往?这是一个问题。在此后的岁月里,不但胡蝶否认,张学良也一直否认,直到大众众口一词,一边倒地认定了这一点,然而,张学良的人生经历其实一直在反复确证他公子哥儿、花花大少的形象。当年公众也宁愿相信这一点,而且二十世纪三十年代初,实际形势变化万千,热点转移,事情很快就被遗忘。毕竟《克雷斯》报发行有限,受众不广,它的文章一直未引起大家的重视。

毋庸讳言,小报也藏着不少历史真相。《克雷斯》报上这些资料的存在,预示着可能还有另一种"真相"。

文载道与武书盈的喜怒哀乐

之所以把一个笔名和一个真名"绑"在一起,只是因为笔者的一点私人爱好,文武相对,载道与书盈也有点儿相映成趣。

文载道(1916—2007),散文家、学者,原名金鹤章、金性尧,谱名金维星,笔名有星屋等,浙江舟山定海人。

文载道就是我们熟悉的金性尧先生的笔名,在二十世纪四十年代的中后期非常著名,当年小报上曾这样介绍他:"最近三四年来在上海文坛上也是数一数二的红作家,声誉之隆,甚至不在红牌女作家苏青、张爱玲之下。作品以冲淡见长,作风则极力仿效周作人,向有'小周作人'之雅称。"据说他这个笔名的来源,一方面是文以载道的意思,另一方面则是与他娶了名字叫武桂芳的妻子有关,一家之中,文韬武略,龙凤呈祥。

武桂芳有个弟弟叫武书盈,也就是金性尧的内弟(小报上一说武书盈还是金性尧的表弟,存疑)。这个人名不见经传,却也并不简单。据笔者各处搜索所得,武书盈中学就读于南洋模范中学,任学生自治会会长(见 1937 年《南声》纪念特刊),在校时主办校刊《南声》,发表过散文、小说等。自南洋模范中学毕业后,考入圣约翰大学,成为戊寅级学生(1938 年),比张爱玲高四级。他是圣约翰大学化学系的高才生,曾在《名著选译》月刊社举行的第一次悬赏征译比赛(1939 年)中荣获二等奖,1941 年获文学士(经济)学位。

金性尧则有一妹一弟。弟弟金性舜,妹妹金秀英。金秀英,又名金维新,与武书盈年貌相当。正风文学院毕业,爱好文学,也有散文、小说发表。

1946 年 4 月 24 日,时任英商义生洋行高级职员的武书盈,在武家的亭子间里,杀害了文载道的妹妹金秀英。这一年,武书盈、金秀英都是 29 岁。

凶案发生

1946 年 5 月,小报《一乐天》第一期第一页,以《亭子间内离奇血案:文载道家庭悲剧,金秀英身中五刀》为题报道了这件凶案:

……二十四日下午四时光景,大同路 1110 弄十一号亭子间发生一件离奇血案,被害人少女金秀英,身中五刀,嫌疑犯武书盈暂行拘押云。……

上海大同路在租界时代原称爱文义路,收回租界后改称大同路,1945 年又改名北京西路。小报作者沿用了大同路的叫法,其实,事发当年正确的称呼应该是北京西路。

金、武两家,同住在上海北京西路 1110 弄,乃是望衡对宇的邻舍。这条里堂又称葆壬里,是一个中式里弄区,属于金性尧家的产业。1936 年,金性尧的父母(金炳生、甘葆壬)在这里造了十四幢石库门房子,用金性尧的母亲甘葆壬的名字命名,称为葆壬里。建成后,金家自住一幢,为 17 号,武家租住 11 号,两家一前一后,前后门相通。从这点也可以看出金、武两家关系之密切。金、武两家不仅是同乡,还是儿女亲家,金性尧的四舅妈武芸芝也来自武家。

这天下午,"金秀英与武书盈在亭子间内谈话,好久之后,武书盈独自外出,但未见金秀英出来,到了下午四时,武家的女佣听到了金秀英悲惨的叫喊,立刻去打门,可是打不开,后来便叫金家的小少爷(即金性尧之弟金性舜)拿了钥匙去开门,金秀英倒在地上,周身是血,地上流了一大摊,肚子也被刀割开,肠子也流在外面。正是这时候,武书盈便回来了"。随后,"金秀英已被送仁济医院急救,但地板上犹血迹斑斑,惨不忍睹。静安寺警局当一方面派人赴仁济医院调查真相,一方面将凶手武书盈捉将官里去,拘禁起来"。

凶案就这样在一个云淡风轻的午后发生了。

情杀还是殉情?

毫无疑问,武书盈是唯一的杀人嫌犯。犯罪动机却颇费推敲。两家关系密切,两人还是青梅竹马,是情杀还是殉情? 如果是殉情,不免使人想起日本作家太宰治的《人间失格》里面的情节:相约同赴黄泉,最终一死一活。两人为什么会不惜同死呢? 为什么最后又是一死一生呢? 其背后的内幕又是如何呢?

根据常情推测:这一件血案的发生当与婚姻问题有关。

金、武两家有多重姻戚关系,武书盈未娶,金秀英未嫁,岁数也都老大不小。两人应该有或正式或默许的订婚关系,且相恋多年,为何又延搁到双方 29 岁还没有成婚呢? 这里面可能有双方家庭的问题,如长辈之间发生龃龉,或两家的经济地位发生了很严重的贫富差别,但小儿女坚信爱情,于是走上了相约殉情这条路。也有可能男女中有一方移情别恋,另有所爱,提出分手,一方则心有不甘,于是在愤激之下不惜杀人泄愤,这就属于情杀范畴了。

下面就当年小报报道中对杀人动机的几个猜想,略举数例,以见一斑:

武桂芳之弟杀了文载道之妹

(载《海风》1946年第25期,署名华英)

这一对情死主角,原是有来历的人物,男的姓武,女的姓金,她是颜料商人金某之女,其兄是专门摹效知堂老人文章的文载道,男的却是文载道夫人武桂芳女士的弟弟,他们以亲戚而互相恋爱,但金某是个顽固的商人,竟然阻扰他们的好事,他们觉得生不如死,于是相约同殉。而造成一段惨痛的事实。

错综复杂离奇血案,文载道家中情杀!

(载《上海滩》1946年第4期,署名张葆昌)

金秀英,文载道的妹妹,她对于武书盈倒颇赏识,因之平日很为亲近,时常来往。武书盈是很急性的,他想和她结婚,可是金秀英的父亲却反对,为了武家太穷,武书盈又是光棍,不愿将他的"娇女"出嫁,因之武书盈和金秀英闷闷不乐。……大家都猜想是自杀,不过武书盈他涉了重大嫌疑,因为一个女子不会有以刀对自己连砍五刀的力量,那么绝对是像谋杀案了。

亭子间内离奇血案!

(载《一乐天》1946年第1期,署名倚马)

假如武书盈是谋杀金秀英的凶手,则在行凶时必有重大声响,武书盈出外时,房中毫无动静,直待数小时后,方才发作,而且杀了人绝不会归来,可见被杀一点尚有疑问,至于自杀,则金秀英决无自砍五刀的勇气,自杀呢? 抑或被斩?

文载道的"金字"招牌

(载《文饭》1946年第12期,署名花子)

关于他的妹妹金秀英之情杀原因,据报上所载,大多略而不详,而且一致的说是凶手因求婚不遂,而遽下毒手,其实案情决不如此简单。从警局方面传出消息,是金秀英与武书盈两相情愿,思做同命鸳鸯,而走此绝路。两人因"好事多磨",姻缘难谐,乃萌悲观厌世之念,当由金秀英嘱咐武书盈先把她刺死,而后武本人再行自戕,同归于尽,共了孽债。并闻武书盈在监狱中,曾亲笔写有自白书一通,将公开披露于报端,这虽属一面之词,然字句之间,也许不无迹象可寻吧!

不得不说,《文饭》中悲观情死的分析很合乎大家的猜想,这也是后来法庭采信的主要杀人动机。

金性尧接受采访

据《海风》"本刊专访"的《文载道妹妹被杀》(作者署名微雨)一文报道,金性尧在事发之后接受了作者的采访,其中有这样的段落:

> 他不胜唏嘘地对记者说:"舍妹战前肄业于正风文学院,平素性情孤僻而消极,对于结婚及生男育女等,一向视为畏途,所以过去武书盈虽曾一再直接或间接的向她求婚,但均遭婉辞拒绝,彼此间仅维持深切的友谊关系,这大概就是她这一次惨遭杀害的主要原因。"金氏接着说:"这也许还要牵涉到遗传学上的优生论,武书盈的大姐是在民国廿一年莫名其妙的服鸦片自杀的,而他们的母亲,王武氏,则是一位患有歇斯底里症的老太太,所以武书盈这一次的行凶,也许在遗传学上

还不无研究之处。"他又说这件事更不能以一件普通的凶杀案去衡量他。这里面包含了一个严重的教育问题和社会问题。悲剧中的两个主角都是曾受过高等教育的男女呢。

当记者询及被害人家属对凶手的态度时,金性尧叹了一口气,用沉痛的语调说:"死的已经死了,对于武书盈,一方面我们之间是至亲,一方面平时他是一个品学兼优的优秀青年,只希望法律对于他能加以宽恕。我们别的都没有任何要求。"(《海晶》1946年5月2日)

记者微雨对此感到奇怪,特地加了这样的小标题:

惨! 身中五刀香消玉殒

怪! 男女都是知识青年

奇! 哥哥力替凶手开脱

确实,金性尧的态度比较耐人寻味。他既是被害人的哥哥,同时又是嫌犯的姐夫,他面对一死一生的局面、两个至亲的家庭,很难抉择,也有着很多难言之隐。看得出,他是代表金、武两家人来说这番话的。

金性尧的这段表白,值得仔细一读。他首先强调这件凶案的"主要原因"是自己妹妹本身的错处:性情有缺陷,害怕结婚与生育,一再拒婚。其次则是武书盈精神异常,有遗传性疾病。这点为武书盈脱罪或提供了重要的证据。再次则归咎于教育问题和社会问题,撇清了家庭或长辈之间有任何过错。难怪记者不禁要感叹"奇!"了。

不过,依据金性尧的说法,似乎他对凶案的理解停留在情杀层面,而不是共同殉情的情节。这年6月底,法庭以共同情死,一方未遂,判处武书盈有期徒刑三年六个月。

情节反转

1946年7月2日,有一位署名颜子的人在《立报》副刊《花果山》撰文,为金秀英喊冤——《金秀英沉冤不白》,揭开了金秀英被杀的另一种内幕,摘引相关段落如下:

> (金秀英)战前在正风文学院时,有同班生邹某,倜傥英俊,能文能绘,和她甚相得,渐渐地进入恋爱之园,到现在已有十一年的悠久历史。抗战军兴,邹转赴大后方,形骸虽违,而情笺往返,两人的精神上仍有联系也。去年胜利来临,邹正在河南某军政治部工作,屡接金函,促他来沪一晤。至今春始至,久别重逢,情好自

不待言。事为武书盈所知，然她的兄嫂父却不知，就是亲如母女，其萱堂亦毫不知情。每与邹晤，都是乘出外有事或为她母配购药物之便，不但夜必早返，即吃饭亦必归家，所以家人绝不悉有一邹某与之周旋，且正谋进为结婚这一秘密。

至金和武书盈，既望衡对宇而居，又为她嫂氏之弟，所以两家如一家，互相登堂入室，毫不避忌。数年前金一度患病，武侍奉汤药，百般殷勤，历久不衰，金自感激，倍加青睐。武则误会爱己，即她父母亦目为良缘，武乃益得意，处处表露其坦腹东床姿态。然而金则绝无是意，对他病中之爱护，只有感激，没有爱情。这在他遗下的日记簿中，是明明写出的。自武获知金别有所爱，且已来沪，过从甚密，自然妒火中烧，而金也就在他妒火中毁灭掉了。

由邹之人证和她日记之物证，都是说明绝非同意自杀，可惜法官不知，她家人说不知，其实她家人虽不知邹，而日记是见到的，可提作证，不懂他们为了一时糊涂，还是为了什么而竟不提出？邹虽可而亦愿出为证明，但又觉有未妥与未便。因此种种，金只有冤沉海底了。

作者颜子在文章最后点出了邹某的身份:武进(今属常州)人,其父其兄,都历任甘陕各县县长。邹某"自金死后,屡密往她寄柩处抚棺挥泪,每值法院审武,亦潜赴旁听,而归来则书空咄咄,其情亦大可怜"!同时颜子也介绍了自己的身份:和邹某是同乡,且是邹某父亲的学生。

所有这些,都可以证明颜子出言有据。

邹某回沪这个事件,或许正是武书盈绝望杀人的真实动机。

真 相

人间往往没有真相。

据笔者看来,该件凶案更像是武书盈求婚不遂,在绝望中激情杀人,事后想要自杀未果。至于内在因果,或需读者心裁。

余 话

如果没有意外的话,被判有期徒刑三年六个月的武书盈会在1949年底出狱,正好一步进入了成立不久的新世界。

金性尧在二十世纪八十年代为死去的长女写过一篇沉郁哀伤的悼念文章,题目是《她才二十七岁》(收入《伸脚录》),不知道他有没有为死于非命的妹妹金秀英写过文章,如果要写的话,题目可以是《她才二十九岁》。

平襟亚寓苏趣闻

常熟的平襟亚和旌德（今属安徽宣城）的吕碧城，一个是男性出版家、作家和大律师，一个是女教育家、女诗人。在二十世纪二十年代的上海，两人有过一次激烈的缠斗，斗得难分难解，斗上了法庭，斗到平襟亚避居苏州，最后，因为时局，双方总算偃旗息鼓。吕碧城移居香港，平襟亚重返上海。

平襟亚在此后的日子里，反复重述和审视这件由他挑起并落了下风的往事，品咂往事留给他的悠久回味，留下了不少相关的文字记载。

平襟亚自1917年从常熟乘船登陆上海滩后，在上海这个"人海潮"中看风使舵、长袖善舞，不久就站稳了脚跟，从撰稿人到出版家，从老板到律师，获得了很大的成功。当时有人这么评价他：

平先生头妙脑聪,心思细密,见人未见,发人未发,形诸谈吐,诙妙隽永,保证会心微笑;写成文章,清新轻灵,别具佳构,另有妙谛。致力事业,透视内骨;操奇计赢,瞭然指掌。故谓文化人的头脑,白相人的手腕,交际家的应酬,能集三者之长。(玖君,《报人外史》,《奋报》1940年4月9日)

一个从乡下小镇走到大上海的"小伙计",凭着天赋异禀在上海这个"冒险家的乐园"大展宏图,平襟亚是一个很突出的例子。

寻开心惹恼吕碧城

二十世纪二十年代的上海,报业发达,各种小报层出不穷。平襟亚也不甘落后,创办了一份名为《开心》的小报,加入小报业的众声喧哗中。这些小报文章用当年人们的话来说,就是"叽里咕噜""牵丝攀藤""陆离光怪""杂合乱拌",无非就是靠寻寻开心、娱乐底层大众来赚取利润,有时候甚至没有底线。

1926年3月1日《申报》上刊登了《开心》报的广告:

三日笑刊开心出版预告

开心报·图画俏·文字妙·大家笑一笑

上海最新出版……有趣笑报……看了人人发笑

第一期……现已出版……风行一时

定报(笔者按:现称订阅)一月十张,三天寄一张,连邮费洋二角

《开心》报由平襟亚独立主持,一人写稿、编辑、校对、发行(和后来周瘦鹃的《紫兰花片》可有一比)。报社地址设在当年相当僻静的麦家圈,外人很难找到,平襟亚一语双关地调侃说:"寻开心、寻开心,《开心》就是要寻的啊。"其幽默程度可以想见。他笔调幽默活泼,当年被人称作"小报第一支笔"。

然而,带着这样轻浮的心态来寻开心,一下子就寻出一场祸事来。

就在《开心》报的创刊号上,有一篇署名文婆的文章《女文豪起居注》是这样写的,全录如下:

> 李红郊,人们谁也不称他是一个女文豪,一朵交际之花? 昨天在下碰着他的一位邻人,谈起他近来的起居注道:红郊住的南城都路某里,两上两下。他的家庭

虽没有丈夫,却布置得井井有条,一样有会客间、写字间卧室、浴室,非常美备。家里除他之外,还有两个好伴侣。两个伴侣是谁呢？一个是汽车夫,一个便是一条狗。他出门以前,有几件例行的公事,便是第一先把这条狗溚浴;第二随便抽一两张诗文的稿子,放在手袋里,然后坐上汽车,车夫不消吩咐,自会开向红郊要到的地方去。等到了目的地,把一条狗带了进去见客。有一天,有几个朋友问他道:你这条狗雌的呢雄？红郊说当然是雌的,雄的怪难看,我还肯带进带出吗？朋友中有个诨名不识相的道:这狗是雌的,为何不见他生小狗的呢？肚子老是这样大,莫非像你李女士一般抱不嫁主义吗？红郊发怒起来,放这条狗来咬不识相,幸亏得不识相的爷,是个猎户出身,家传的养狗本领,把狗腿往上一提,那时不识相的旁边站着一位不相识的男友,嚷道:是雄狗,是雄狗。红郊板面道:你这臭男子,不要出言无状,我养这条狗,原不管他雌雄的,不知你娶夫人时,可曾提起腿来认一认么?！……红郊再要说下时,给别的朋友劝开了。从此以后,交际场中,一时绝了狗迹。红郊仅仅在汽车上,和家里疼他了。红郊回家以后,也有几桩例行的公事,第一便是把带出去的诗文整理一过,依旧藏好,预备过一二个月,再拿出去;第二逼汽车夫去洗澡,洗了要给他闻,身上手上,没有戤司令气味,才许去安睡,所以一天里,至少有人和狗各洗一回澡。不过他自己洗的时间,没有一定,高兴起来,一天不出门,浸在水里,陪着两个伴侣洗澡。邻舍人家,背地里都道:这朵交际之花,原来是水仙花。(笔者按:原文全用老式逗点,形似如今的顿号,录入时酌加新式标点。当时文章中指女性的代词一般仍用"他"或"伊",还未全部采用刘半农提倡的"她"字。1926年2月28日《开心》三日刊)

以上文章,是首次在这里披露,此前所有谈及该事的相关文章,都是在传闻的基础上,加以想象点缀而成,离真相有着相当的距离,甚至题目和出处都没弄清楚。

这篇短文有数点可议,这里拣主要的说。其一:女文豪李红郊,很容易使读者联想到吕碧城来,李、吕音近,沪语更是难分,红郊、碧城又正好成一对,作者用李红郊暗示吕碧城,读者一看都明白。其二:"不过他自己洗的时间,没有一定,高兴起来,一天不出门,浸在水里,陪着两个伴侣洗澡。"这句话很恶毒,暗示李红郊和汽车夫关系暧昧,一起洗澡。更过分的是,这篇文章还配了一幅插图,完全符合广告所说的"文字妙,图画俏"。这张图画了一个卫生间的场景,一面穿衣镜,一个陶瓷大浴缸,浴缸里有一条狗探出半个身子和一条地上的狗正热切"交谈",浴缸前则放着一男一女两双鞋,读者不禁要问:浴缸里还有看不见的两个人在? 真是风趣幽默极了。

创刊号上搞这一出,自然是为了吸引读者眼球,争取发行量的开门红。但是这样的文章,不引起吕碧城的愤怒就怪了,难道平襟亚就没有考虑到这一层? 也许他觉得没有指名道姓,已经留足了回旋的余地? 也许他太懂广告术了,潜意识里就是想制造一个轰动效应? 惹一惹有名的女人,虽然会惹出麻烦,但《开心》报必然一炮而红了。

此文一出,吕碧城果然义愤填膺,把《开心》报和平襟亚告上了上海租界的法庭。据郑逸梅《人物品藻录》中的《吕碧城放诞风流》一文说:"其时平襟亚办《开心》报,有'李红郊与犬'一段文字,碧城认为隐射侮辱,控之于会审公廨,襟亚乃离沪至吴门,易其名姓为沈亚公,以避其锋。碧城征求襟亚照片,欲登报采缉,不可得,乃声言如有人能以平址(笔者按:指平襟亚居住地址)见告,因而缉获者,当以西太后亲笔绘画一幅以为酬。"(《郑逸梅选集》第 4 卷第 81 页)郑逸梅的文章说得不离谱,此后辗转稗贩的文章,却把"'李红郊与犬'一段文字",误以为是一篇题为《李红郊与犬》的文章了,闹出了错误,更无法找到相对应的文章。如《心高气傲意难平——吕碧城与平襟亚的"狗官司"》(蔡登山《洋场才子与小报文人》)、金晔的《平襟亚传》,都没有查阅到原始出处和第一手资料,只能开动想象力,加以想当然的演绎,此处不赘。

平襟亚一介书生,竟敢主动去惹交游广阔、声誉夙著的女诗人吕碧城,现在看起来多少有点儿鸡蛋碰石头的味道,然而,也正是这种耸动视听的举动,客观上提升了平襟亚在上海滩的名气,打开了报纸的销路,为他今后的事业创造了知名度和影响力。

避风头蛰居姑苏城

抱着"乖人不吃眼前亏"的想法,所谓识时务者为俊杰,平襟亚化名沈亚公,避居苏州。之所以改姓名为沈亚公,是因为他入赘沈家,夫人姓沈,确实曾是沈家人。这一下,万人如海一身藏,倒可以定下心来投身创作了,未始不是一种意外收获。这事暂放一放,先说说平襟亚卜居苏州的过程,其中颇有周折。

平襟亚准备避避风头,首选古城苏州。毕竟故乡常熟认识他的人多,人多眼杂,容易被人通风报信。苏州离上海近,交通方便,信息快捷,认识他的人不多,反而容易韬晦藏身,屏门远祸。

他一开始在观前街附近的九胜巷物色到一宅,看了一遭,又和房东谈过,感觉相当满意。回上海后,"盛道其空气之佳,择邻之善",过了几天就和夫人、孩子搬了过来。哪知道第一夜就饱受惊吓,原来夜里有人怪叫连连,还伴以频频的咳嗽和急促的喘气声,分明是一个晚期痨病(肺结核)患者,吓得全家无法安眠,只能连夜逃了出来,住到观前街附近的旅馆勉强度过一宿。第二天回去一看,患者已经停尸堂上,邻居全家缟素大放哀声,于是不得不马上回到上海,再作打算。后来托苏州的友人代他寻找,终于在调丰巷找到了合适的房子。

在苏州,平襟亚深居简出,一面密切关注着上海报纸上吕碧城的一举一动,一面决定以自己和这些年的经历为灵感创作一部长篇小说。俗话说,上帝关闭了一扇门,但会给他开启一扇窗。这部小说后来起名《人海潮》,成为他的小说代表作品,也算是对他蛰居苏州的一种补偿。

《福尔摩斯》报曾刊出《人海潮》的索隐文章,谈到里面的沈衣云,就是作者夫子自道。其中一段和妓女湘云的交往,"啼笑因缘,缠绵情致,殊使天下有情人不成眷属者,同声一哭!冷艳幽芳,铅字粒如播散兰香,读之神往","如果说《红楼梦》如红烧大杂烩,《人海潮》就是清炖鲫鱼汤"。

《人海潮》出版时署名网蛛生,大有寓意。看似网中之虫,无可脱逃,却是网中之蛛,生死操于自身,嘿嘿,连这网也是自己织就的,大有泰然自若的意味。

失爱犬寻到上海滩

1929年9月24日,上海的著名小报《金刚钻》忽然刊出一篇署名网蛛生的文章《襟亚寻狗》:

> 鄙人不蓄妾而蓄狗,然狗亦有卷逃之虞。时至今日,不但人心不古,且亦狗心不古。鄙人于旧历八月二十日,在吴中寓所九胜巷二十三号,早间九点,走失英国苏格兰种小警狗一头,同时被其卷去项上皮圈一个。此狗身高一尺,长三尺,身黑色,紧毛,腿棕色,脚趾甚大,眼上有两圆斑,如架眼镜,且为女性。自不别而行后,信息杳然,如有仁人君子,知其下落者,请领至苏州桂和坊安吉吴公馆内,交给鄙人,当酬洋十元。储款以待,决不食言。

这篇文章中有很多值得认真思索之处。如强调此狗"且为女性",可以联系起《女文豪起居注》中李红郊之狗的雌雄之辩。"不蓄妾而蓄狗",也可以和《起居注》中李红郊以狗为伴侣同观。特别是文中的两个地址,九胜巷二十三号和桂和坊安吉吴公馆,他住在不远处的调丰巷,却故意写了那个令他饱受惊吓,初次赁居、次日即逃的九胜巷。而桂和坊安吉吴公馆,其实是晚清大画家吴昌硕在苏州时购买的住宅,是吴昌硕故居的地址,这里住着吴昌硕的后裔。这篇小文还有蹊跷之处:苏州失狗,何以到上海去发寻狗启事呢?

原来,这篇小文故意在上海发表,是为了窥探上海法庭的反应。吕碧城去了香港后,通缉令是不是已经取消?自己在上海露面还有没有危险?就这样,演出了一幕失狗在苏州,寻狗到上海的滑稽剧。

说起来,平襟亚在苏州丢失的狗还大有来历。

1929年9月,平宅忽然贴出悬赏告示,说家中失了一条纯种的苏格兰牧羊犬,赏格十元,以求珠还。这是一条遍体黑毛、四脚棕色、已经去尾的警犬,在苏州市井中并不多见。《大光明》报记者"苏龙"闻知,上门采访。平襟亚说,这条狗的来历还有一个故事。

原来,数年前他在上海时,在报上看见一个广告,有西方人登广告说家中有狗让售。平襟亚把这个消息告诉了自己的朋友叶仲芳。叶仲芳是上海滩有名的人物,有个绰号叫"小抖乱"。所谓抖乱,就是喜欢胡搅蛮缠、搞恶作剧、调皮捣蛋的人,前面用一个"小"字来修饰,则表示其行为后果之轻,换句话说,叶仲芳是个缺乏头脑的纨绔少爷。叶是富家出身,是上海富豪叶澄衷的后代。平襟亚和叶仲芳为友,不知是属于臭味相投的朋友,还是处于清客的从属地位。不用说,他们对这个广告产生了兴趣,就前往探询。

狗的主人是一个英国美妇人,对来客殷殷相待。她向他们介绍说,这里待售的是两条苏格兰警犬的幼犬,才出生四个月。这种狗相当珍贵,每天必须吃进口牛肉,还要有专人管理,每天要用药水肥皂给狗洗澡,狗满半岁后,要上警犬学校,让它读书,取得文凭,那时就能听得懂主人的口令……主人说得越多,平襟亚越沮丧,想想一天给它一个大洋恐怕还打不住。这边叶仲芳则越听越高兴,越看越满意,最后,洋女人说,一条非80块大洋不卖。

平襟亚正萌退志,孰料叶仲芳见猎心喜,眉头也不皱一下,当即取出160块大洋,把两条狗都买了回来,并送了一条给平襟亚。

平襟亚没有说自己的狗上没上过学校,取没取得文凭,有学历、文凭的狗想必不至于迷失在苏州的街头。当时,叶仲芳的狗早已不知哪里去了,而平襟亚的狗也忽然走失了。

记者"苏龙"回去把此事写成文字,刊在1929年9月25

日的《大光明》报上。我想,平襟亚的狗大概是寻不回来了,数年前就值80块大洋的狗,10元的赏格能收回吗?或许可以套一句俗话"醉翁之意不在酒",平襟亚苏州失狗,上海寻狗,其本意也不在狗。

平襟亚的一生丰富多彩,趣事多多,这里选择他寓苏一节,尝鼎一脔,窥豹一斑可也。

"歌舞皇后"浦惊鸿

"歌舞皇后"看上去是一个很高大上的名号,其实只是当年报刊记者为吹捧明星而奉上的"桂冠"。在过去,社会上看待各类艺人,依然不脱"以俳优蓄之"的观念,即使有"歌舞皇后"这样高大上的称号,也就相当于艺人在歌舞团里挂头牌,比别的演员唱得跳得稍好而已。这是要首先说明的。

二十世纪三十年代前后,苏州先后涌现了两个"歌舞皇后",一个是浦惊鸿,一个是傅瑞英。浦惊鸿,原名浦坤英,艺名惊鸿,取惊鸿丽影的意思,人们可以想象她在舞台上翩若惊鸿的模样。浦惊鸿的身世悲惨,1931年8月13日,豆蔻年华、如花解语的她,死于一场意外火灾,当时她还不到20岁。

1914年,浦惊鸿出生于苏州,早年跟父母移居上海,租住在上海霞飞路(今淮海路)福星里四十三号楼上。父亲名浦阿根,母陆氏,浦坤英是他们的独生女儿,七岁进入万竹小学读书,后因贫辍学。不久,浦惊鸿又进入万安公学继续学业,并开始展现她的艺术天赋,在学校的游艺会上经常表演《可怜的秋香》和《葡萄仙子》。作者伤神在《浦惊鸿死了》一文中回忆他第一次见到浦惊鸿的场景:"在开会那一天,我的朋友当然也来参观,这位和小鸟一般活泼的歌舞皇后也跟在我的朋友后面。我的朋友对我说:这是我们校里一颗最漂亮的小明星。"

为了拯救家庭的经济困境,浦坤英早早投入黎锦晖创办的中华歌舞学校学习歌舞。在黎锦晖的悉心指导下,浦惊鸿的舞蹈水平有了长足的进步,很快就脱颖而出,成为舞台上的一颗冉冉升起的明星。

当年的上海,歌舞作为一种新兴艺术,盛极一时,各种歌舞团雨后春笋般组建起来,对歌舞演员的需求很大。浦惊鸿在中华的合同期满后,就被拉入了魏萦波组建的梨花歌舞团,又受邀出任歌舞剧的主角,一举奠定了她在歌舞界的地位,1929年在青岛赢得了"歌舞皇后"的称号。

浦惊鸿在南通新新大戏院表演歌舞的时候,该院的经理赵子超"惊为天人",出于怜香惜玉的侠义之情,觉得自己有义务帮助她脱离舞女生涯,重回学习的轨道。赵子超一再忠告浦惊鸿,不要荒废了自己的人生,情愿送她一笔学费,让她弃舞求学。奈何浦惊鸿的父母看不到这一层,觉得自己的女儿能够出道赚钱和出名,远比重新读书,把希望寄托给将来好。浦惊鸿走惯了码头,野性难驯,也不想重回学校,过那拘束的生活。她拿着赵子超给的钱上了很短一段时间的学校,就放弃了。

搭班几次之后,翅膀硬了,浦惊鸿就开始单飞。她在上海组建了一个惊鸿歌舞团,在大世界和市政厅演出,其中《卖花词》《十里长亭》大受欢迎。受此鼓舞,她的足迹还远至南京、青岛、武汉、汕头、厦门等地。然而在武汉,浦惊鸿受到很大的挫折,铩羽而归。据《克雷斯》报上《命运多舛之浦坤英》一文载,她携惊鸿歌舞团到武汉献艺,不受欢迎,以致歌舞团分崩离析,团员们问她要了路费各自回家,她本人弄得身无分文,只能滞留武汉,到当地大华舞场"货腰"(做舞女)为生。然而,即使这样,还是无法赚取回沪的路费,最后舞客李某看她可怜,送了她50元钱,她才得以摆脱流落他乡的窘境,回到上海。(1930年9月9日《克雷斯》报)

浦惊鸿这么狼狈,连回家的路费也拿不出,是因为当年歌舞团一般采用包银制。譬如说和剧场方签个合同,演出三天,每天演出三到四场,一天的包银很低,低的才四十到五十元,高的也不过一百二十元。一个歌舞团有十来个人,每人每天的收入不过几元,只有比较热门的京剧,如梅兰芳的班子,一场可以达到五千元。当时几乎没有天气预报,有也不准,剧场老板承受的压力也很大,万一遇到大雨,观众全无,剧场老板只能全赔。

这次经历,让浦惊鸿的身心大受打击。随后一连串的打击接踵而来,在三星舞台演出三天后,续约被拒;在长江大戏院演出歌舞被人大喝倒彩,她的演艺生涯进入了噩梦阶段。这也为她改行进入影视界埋下了伏笔。

浦惊鸿在苏州演出,前后有过五次。

1928年,梨花歌舞团到苏州演出,浦惊鸿与魏紫波是该团台柱。这是浦惊鸿第一次以歌舞演员的身份来到故乡演出,受到大众的好评。

1929年11月,牡丹歌舞团来苏州演出,在北局新苏饭店附属的新苏游艺场登台。据报纸报道:因先期宣传不够,未为社会人士所注意,且该团演员配搭不甚齐整,而浦惊鸿的舞艺"远胜于前",嗓音却退化严重,记者惜之。(1929年12月6日《大光明》报之《晁浦惊鸿》)不过话说回来,牡丹歌舞团到苏州演出,宣传还是有的,只是没有在报纸上做大幅广告,据《苏州明报》12月4日的广告来看,是这样宣传的:"有艳腻超绝的舞艺,有美妙悦耳的音乐","有抑扬动听的歌曲,有香艳情热的表演"。太平淡了,确实不够耸动视听。

1930年夏,浦惊鸿随梨花歌舞团到苏州表演,这已是浦惊鸿第三次来到故乡展现她的舞姿了。柳村照相馆曾给她拍过一张时装照,还把这张照片放大了在橱窗里展示。

1931年5月24日,浦惊鸿加入菱花少女歌舞剧团,又来到了故乡苏州。在观前北局的东方大戏院演出。以"肉感之广告,耸动观众,满载而归"。《大光明》首版刊出的通栏大幅广告中有这样的词句:

花团锦簇,千紫万红皆逊色!

风光旖旎,百幅罗裙如柳摇!

羊脂白玉,粉队争妍在腴腿!

脂香四溢,美人撩眼尽醉迷!

是灵与肉的表现

是真善美的结晶

是人体的大展览

是爱与情的透露

十余位少女雪肤和玉腿看了可以使您心醉神往!

艺术化新式的舞蹈和歌曲听了可以使您魂魄荡漾!

试问人生共有若干年?像这样的机会有多少?

广告还特别介绍了浦惊鸿：

中外驰名歌舞皇后浦惊鸿女士暨全体男女团员二十余人，登台表演艺术歌舞剧，

每日更换伟大节目，来苏只演三天，详细节目请向该院索阅。

广告语言夸张，信不得真，但多少也道着点真实。歌舞是西洋传来的新玩意儿，卖点是半透明的霓裳，比日常生活中显露更多的肉体，对于还处在一个保守社会的市民来说，是喜闻乐见的。

这么煽情的广告，起到了很好的宣传作用，使得观众趋之若狂，但苏州《大光明》报的记者看过之后却比较客观地报道说："该团以浦为班中砥柱，盖浦以善跳却而斯登（舞名），曾被誉为歌舞皇后者。其实舞则尚可，而歌殊欠佳。"

也有报道认为，浦惊鸿的舞确实跳得不错，很有观赏性，但歌舞团里的其他队员实在差劲，一枝独秀，无人帮扶，整个表演并不精彩，票房自然不可能好。

这里大略介绍一下菱花少女歌舞团在苏州的表演情况，以见一斑。

《苏州明报》也刊登了东方大戏院的广告，大略如下：菱

花少女歌舞大会,是一个"激动全苏州人心波的一个艺术大展览","表演艺术真谛,感动人类灵犀",一天三次,二时、五时、八时(晚上)。分别演出《总理纪念歌》《花团锦簇》《人面桃花》《卖花词》《新婚之夜》《大三蝴蝶》,共6个节目,并附注节目繁多,不能尽载,逐日更换,香艳绝顶。票价是前排五角,后排三角,楼上五角。这个广告并没有突出浦惊鸿。

次日,《苏州明报》上的东方大戏院广告在相同位置刊出,果然节目有所更换,其中更新的节目有《菱花舞》《惊鸿舞》《蝴蝶姑娘》《月明之夜》和《乡下人白相跳舞场》。这中间的三个节目,特别是以她的名字命名的《惊鸿舞》,浦惊鸿应该都是主角。

5月26日,菱花少女歌舞大会的演出改为每天下午三时、八时两次,节目也有大变化,加入了机关魔术两种,歌舞有《魔鬼》和《家花哪有野花香》,还有群花舞、三蝶三花、双人舞、蛾眉月、春深了以及却尔斯登舞。

浦惊鸿在苏州,还因为柳村照相馆里的照片,发生了这样一件事。

开在观前西口察院场附近的国华电料行,自己弄了一个电台,日常播放一些评弹、说书,有时也邀请一些明星,做做谈话节目。(这是苏州早期的几个电台之一,后来被当时的政府查封,没收了全部设备。)这天,浦惊鸿受邀到国华电料行的电台进行播音,走过隔壁柳村照相馆(彩云楼对门)时,猛然看到自己的倩影在橱窗展示,自己居然毫不知情。浦惊鸿对此很不高兴,认为这损害了她的肖像权。播音结束后,即到柳村照相馆交涉,势孤力单的她,不但没讨到公道,最后还只能以付出四个大洋的代价,买下这张照片了事。

随后,浦惊鸿又赴南京演出,正好遇到南京全市禁歌舞,只得杀个回马枪,又回到苏州。在新闾门(金门的前身)外的民众游艺场演出。第一日三场皆满座,第二日还行,第三日天气阴雨绵绵,加上城外的主要观众都是四乡百姓,对形式新颖而实质内容比较单薄的歌舞表演感兴趣的不多,一日三场下来,还要倒贴钱给场主。不得已又改到新舞台演出,以图弥补亏空,但还是毫无起色。歌舞团本来要演出《家花哪有野花香》一剧,但因为指定浦惊鸿扮演剧中妓女一角,为浦母阻拦,认为待字闺中的少女演妓女会影响声誉,坚持不同意,因而只得放弃。其间有很多热心人奔走,为她再次联系东方大戏院,不料其父忽然在上海去世,浦惊鸿抛下在苏州的演出,星夜赴沪奔丧。

浦惊鸿的父亲浦阿根因病去世,惊鸿歌舞团不得不解散,使得浦家的经济顿时拮据。

与此同时,有声电影正在沪上崛起。有声电影的风起云涌,对歌舞表演形成不小的冲击,不仅抢占了歌舞的舞台,也拉走了很大一部分歌舞人才。两个月后,浦惊鸿就被邵醉翁物色去天一影片公司做了一名配角演员。

天一影片公司摄制的第一部有声电影《歌场春色》,是根据苏州人姚苏凤的小说《女人女人》改编的,由李萍倩导演,宣景琳担任女主角,饰演剧中歌女李惠芳,浦惊鸿在影片中饰演李惠芳的侍女芳姑一角。

这是浦惊鸿的"触电"之始,也是她"触电"的终点。

1931年8月12日八点半,《歌场春色》在上海甘斯东路(今嘉善路)天一影片公司的外景点拍摄。下场后,浦惊鸿回到化妆室,预备下一场拍摄。她准备把稍嫌凌乱的头发用烫发的火钳整理一下。这时,化妆室只有浦惊鸿一人在,她给火酒炉加了火酒,点燃了火酒,加热火钳,却忘了把装火酒的瓶子放好,结果火钳掉落正好砸中火酒瓶,火酒瓶粉碎,火花飞溅,引起大火。

火酒就是我们常说的酒精。当年的报纸这样记载:

> 浦适当其冲,面部及四肢,完全着火。顷刻之间,所穿薄纱旗袍,大半焚去。浦乃急跳呼救。幸有男职员段长鑫坐于化妆室(外)窗前,闻声入视,急将英救出,抱至摄影场,用棉被裹身,火始熄灭。浦已晕倒在

地。乃送仁济医院医治(在天主堂街),查到浦之两臂两腿,以及胸部,均未火灼伤甚重,皮肉尽焦,面部亦完全灼伤,鲜血淋漓,发且焚去其半。此时,浦尚对人云:"侬为拍戏烧伤,请你们救我呀……"(《"歌舞皇后"浦惊鸿昨逝世》)

这天正是浦惊鸿的父亲去世"五七"之期,浦母陆氏正在灵前烧香焚纸,乍听噩耗,双脚乱跳,赶到医院,但见自己的女儿早已面目全非,在重症病房奄奄一息了。

午夜时分,天一公司总经理邵醉翁偕二弟前往医院探视,浦惊鸿对邵醉翁就说了一句话:"侬自揣此次已乏生理,请大家善视吾母。"之后马上晕了过去。第二天,浦惊鸿即因烧伤感染不治身亡。

"歌舞皇后"就这样香消玉殒,结束了还不到20岁的青春年华。邵醉翁则代表天一影片公司出了五百元抚恤金,安排了浦惊鸿的后事。

白莲的《江湖日记》

顾天锡小传

《江湖日记》的作者白莲,本名顾天锡,出生于1890年阴历七月初,江苏昆山人,世居昆山南后街南口。因其父晚年得子,故名为天锡(锡同赐),字为蔗,笔名白莲、蔗园、专诸、白莲庵主人等。顾天锡的父亲是个塾师,以教书为业,精通经术。顾天锡毕业于清末南京的两江师范学堂,为清道人李梅庵的弟子。他还是中国早期的世界语学者,民国初年在上海加入了世界语小组。离开学校之后,他走上了一条幕僚之路,在军阀麾下司笔札,一度追随吴佩孚到河南固始县、直隶泰宁镇,在梁各庄镇守使署办事,1924年在江西南昌办报,1925年又跟随吴佩孚到武汉,出师北伐,转战中原,于该年端午节前来到北京。这是吴佩孚的极盛时代,也是顾天锡的辉煌时刻。

吴佩孚失败后,顾天锡离开军队,到过菲律宾之马尼拉,受到菲督哈立荪的接见和宴请。1928年,他来到南京进入政界,在何民魂任南京市市长时,任职于社会调查处,一度曾在昆山闲居,到杭州西湖逗留。1934年,他进入南京的《朝报》当编辑,南京沦陷后,他躲避在南京郊外下穆庄,创作了《藕孔日记》。1938年初秋,他进入新成立的《南京新报》任总编辑,这期间写作了大量的散文、考据、掌故等作品。1939年1月,他被派驻苏州,任《苏州新报》副社长(社长为日本人井上狂波)。对于这段经历,他写作了《江湖日记》进行较为翔实的纪录。1939年11月,顾天锡担任苏州文艺协会主席,后又任《苏州新报》社长。1940年初,"汪政府"取代了梁鸿志的"维新政府",翌年10月《苏州新报》停刊,宣传部改派冯节来苏创办《江苏日报》,顾天赐重入官场,调任南京政府宣传部秘书。1945年,他任江苏省党部代表、江苏省执行委员会委员。此后经历不详。

顾天锡先娶昆山百花街李氏之女李绮章,亡故后,续娶昆山汤蕙芬。汤氏于1934年去世后,又娶其妹汤荑秋。汤蕙芬出一女蕴雪,又名韵,嫁昆山朱重绿(曾任《南京新报》新声副刊主编),汤荑秋生一女绛雪,又名绛。

《江湖日记》的写作

顾天锡的《江湖日记》专为他在苏州新报社的经历而写,起始于1938年12月2日,这天他受《南京新报》主编秦墨哂的派遣,赴苏考察《苏州新报》的情况,来苏一行,考察结束后,写到7日暂停。这次考察是为了接手《苏州新报》而作的前期准备,其间因恰好是旧年底、新年初的新旧交替之际,任命未下,故而继续在《南京新报》工作,日记就此跳过四十天的南京生活,在1月17日收到任命之后,方始续写《江湖日记》。他在《作家》选刊的《江湖日记》之两篇的小引中,谈到写作《江湖日记》的初衷:

> 作者于民国二十七年后的冬天,从南京到苏州去,一住就是三年。在开头抵苏时,觉到换了一个地方,一切的环境都变易了,就发愿开始写日记;从那年的冬季起,一直到翌年的秋季以后,写得快到一年光景。虽则所记的都属个人的琐碎事情,因其为人生过程上的某一片段,所以敝帚自珍,留作过后的翻检,引以为乐!有些是曾在报上发表过的,有些至今还未曾披露过。《作家》编者,索稿于余,就抄录了民国二十八年五月廿

七,廿八两天的《江湖日记》塞责。关于"时令"性,是恰恰适当其时;但是在时间上,却已过去了三年哩!

《江湖日记》一直写到这年的秋天,"快到一年光景",但我们目前可见的《南京新报》刊出的部分,只到1939年7月18日,此后未见续刊,可见尚有部分日记,已经无法再见到了。

《南京新报》新声副刊于1939年6月1日起开始连载《江湖日记》,至12月11日因续稿未到结束。据《江湖日记》之5月17日日记《此之谓自传文学》载:"余自来苏以后,写《江湖日记》,业逾四册:绿婿以京报六月一日,增加篇幅,坚欲以之充副刊材料,故今晨即将前四册略一翻检,交渠携去。"由此可知,《江湖日记》写到5月17日前后,已经有四册之多,差不多一月一册,通过其女婿朱重绿之手在《南京新报》新声副刊刊发。其间有因出版专辑而停载一至两日,此外基本上每天都有刊出。日记所记日期,与日记刊出日期基本上有半年的间隔,这也使得日记所记内容已经缺乏新闻价值,内容(如政界变动)也就不显得敏感,应该有作者现实的考虑。

《江湖日记》的命意

《江湖日记》在《南京新报》刊出时有一个小引,并没有谈及日记题名"江湖"的命意,《作家》上选刊的两篇,也有一个小引(见前),同样只是简单介绍了一下日记的基本情况,不像其《藕孔日记》,对题名"藕孔"做了详细的解释。在我看来,之所以命名为《江湖日记》,其实很简单,就是大家常说的:人在江湖,身不由己。

顾天锡意在向读者表明,自己的所作所为,是出于不得已,一切无非为了生活。这一点既是对自己行为的譬解,也是对世人的表白。

在《江湖日记》中,他和日本侵略者同事一个报社,和维新政府的江苏省长酬酢,给日本驻军捧场,和日本商人结交与周旋,在某种程度上都可以看作人在江湖身不由己的体现。在日记中,他曾数次表示了对蒋介石政府的不满,这也可以觇见他此前作为北洋政府中人物,对国民党政府的天然疏离,导致了他一开始就没有南下武汉、重庆甚至昆明,而做出了直接投向"维新政府"的选择。当然,对他落水投敌行为的任何辩解都是无力和枉然的。

《江湖日记》的价值

顾天锡在苏州接待片冈铁兵时(4月14日日记),曾以写作《藕孔日记》为豪。在顾天锡的内心中,一向以清末日记作家李慈铭(越缦老人)为楷则,他有志成为一名日记作家,且也自称自传文学作家。我们读他的《藕孔日记》《江湖日记》和《图南纪程》,特别是前两种,明显可以感受到他的日记写作不同于一般日记的生活流水,而是有心刻意为之。

譬如,他的日记有与众不同的特点:基本上每天都有一个中心话题,话题主要集中在风俗、时序、古董、书画、书籍、考据等。这也是他作为文人的兴趣所在。

《江湖日记》写于1938年底到1939年,这段时间的苏州,战后秩序刚恢复不久,历史记载缺失很多。据我所知,当年苏州城里仅有的两种报纸《苏州新报》和《江南日报》,也因《江南日报》不全(目前可见1940年1月1日至1942年8月2日的内容),《苏州新报》1939年9月份之前的报纸全部无存,而成为一段历史空白。顾天锡的《江湖日记》在某种程度上正好填补了这个空白,成为苏州近现代历史上极为珍贵、不可或缺的史料补充。举凡日本侵略军的驻扎分布,苏州宾馆、酒店的经营,媒体情况,园林(拙政园、狮子林、沧浪亭、桃花庵、五峰园)记述,交通情况,民俗风情,还有物价、古董、书画交易等,在这部日记里都有反映。我想,谈沦陷初期苏州的历史,《江湖日记》或将具有无可替代的价值。

《江湖日记》的整理

《江湖日记》在《南京新报》刊载的偶然发现,以及其可贵的价值,触发了我整理的决心。由于民国报纸印刷较差,字迹比较模糊,且有缺损,还有很多排版、校对的问题,如错字、错行、错简,情况比较复杂,但经过详细比对,基本可以最大限度地还原到原先的状态。为免烦琐,整理时没有一一出校,只是在明显的"手民之误"后面加上括号略做纠正,错行的字作了合理的调整,错简处做了说明,有几个地方加括号写了"整理者按",加入一点整理者自己的意见,缺损处无法猜详,只能代以"□□"以示缺字。

这次整理,还把刊发在《作家》上的两篇《江湖日记》作为附录,读者可以看到经过作者和不同编辑的处理,这两天的日记居然有所不同,感兴趣的读者可以做个比较。

错误或难避免,万祈读者鉴谅。

章衣萍小说《友情》索隐

章衣萍(1902—1947),现代作家,安徽绩溪人。他和胡适是同乡,在北京,他得到胡适的大力提携,成为胡适的弟子。通过好友李小峰,他与鲁迅、周作人也走得很近,多受亲炙,又成为《语丝》同人。

章衣萍是个不受羁勒的才子,生性又比较浪漫和率性,名士气十足。交游日广后,他有了自己的空间,对胡适和鲁迅等前辈,虽尚不失尊敬,却也保留自己的看法,在人格上并不依傍他人。

我比较喜欢读章衣萍的作品,读得多了,就有了给章衣萍的小说做索隐的想法。这是基于这样一个判断:章衣萍本质上是一个小品作家,他的小说也不无可能作小品看,都有或多或少的真实。如他最负盛名的小说集《情书一束》,曹聚仁就撰文说,小说就是由章衣萍、吴曙天和叶天底三人来往书信的辑录伪装成的。

我为《友情》作索隐,就是因为在读章衣萍的作品时,发现这部章衣萍唯一的长篇小说里的很多人和事,都是真实存在、曾经发生的,希望章衣萍作品的读者不要为情节所骗,轻易放过其背后的真实故事。

当然,章衣萍并不希望研究者对他小说中的人物和真实人物的关系进行研究与对号入座,他往往会弄点小狡狯,阻止这样的事发生,免得因别人对号入座而给他造成困扰和尴尬。譬如他的短篇小说《小娇娘》,他在正文前写了个仅有一句话的小序:

> 如果有人把小说当事实看,他就是一个傻子。

心虚才需要这么说,往往如此。我还没有开始索隐,章衣萍就派我做了一个傻子,给我钉了傻子的标牌,那我不妨就做一个傻子吧。

钱锺书在《围城》的序里也说过这样的话:"在这本书里,我想写现代中国某一部分社会、某一类人物。写这类人,我没忘记他们是人类,只是人类,具有无毛两足动物的基本根性。角色当然是虚构的,但是有考据癖的人也当然不肯错过索隐的机会、放弃附会的权利的。"

或许我们可以认为,作者明确不欲读者索隐的小说,大多是有真人真事原型可稽。看来我真是有考据癖的人啊。

章衣萍的长篇小说《友情》,1933年1月由上海神州国光社印行,属"衣萍半集之一"。所谓"半集",乃是章衣萍针对当年一些活跃作家动辄出版"全集"的微讽之举(当年如郁达夫、冰心等都有所谓"全集"),杜撰出了一个"半集"。《友情》原拟出版三卷,今见到的只是上卷。

《友情》书首有一个章衣萍自作的小序,说明了创作缘起、经过及情节安排等,全录如下:

> 《友情》上卷十章,为一九二七年春间余在北京时所写,是年夏间来沪教书为生,以不胜粉条黑板之苦,复为"群鬼"所欺,缠绵恶疾,瞬将四载。今幸贱躯渐健,而海上暑气袭人,行将远适山崖水边,寻求休养,而《友情》上卷草稿,适于是时刊成。原书共上中下三卷,计三十章。斯十章为上卷,或不足以窥全书人物之究竟乎?南来之后,感慨益多:黄诗人之踪迹如何?张广余之生命安在?汪博士曾否长眠?以及汪权花与杨琼仙之来魂去影,或将为有心读者所欲知,余亦将"姑妄言之",世上固不必有此等人也。烽火连天,哀鸿遍野。此时代也,实为中国之最悲惨时代。茹苦既多,余怀落寞,支离病骨,呐喊无声。舍假笔墨以代痛哭外,复有

何法以自存?呜呼!"四海杀人知多少?留住头颅贫亦好。"《友情》中下卷,将于最短时期内草成,以饷海内一切幸而"留住头颅"的人们。天热极矣,余将远行!

一九三〇,六,二十七。衣萍序于上海滩上,赤膊流汗之日

《友情》创作于1927年春的北京,那年夏天,章衣萍南下上海,到位于真如的暨南大学任校长郑洪年的秘书和中文系教授,因此以北京为背景的《友情》是在上海出版的。目前能见到的,只是《友情》的上卷,主要写了五个人物:汪博士、张广余、黄诗人、汪权花和杨琼仙。正像章衣萍自己说的,仅凭《友情》上卷"不足以窥全书人物之究竟",这里只能窥豹一斑,谈谈这几个人物的原型。

汪博士和张广余的原型

《友情》首章《回国有感》一开场就是一个"海归"汪博士住在北京的公寓里,他"在法国住了三年,在比国住了七年",眼见身历,处处要和法国、比利时比较一番。汪博士的一个"在交通部混一个小事糊口"的朋友张广余来访他,两人一同上街。这位张广余,与胡适胡博士是同乡,"昨天还

在胡博士家里吃过绩溪猪肉一品锅的"。

这一章结束,张广余请汪博士到自己的公寓里吃午饭:"我去炖猪肉请你。"

第二章《请客之后》,写张广余在公寓里用煤球炉子炖猪蹄请汪博士吃。张广余一边炖猪蹄,一边回忆自己的身世:

> 五年之前,自己还是一个反对旧家庭的新思想青年。在国立大学读书,为了不堪新旧思想冲突的苦闷,曾写信否认自己的父亲,脱离家庭,连大学的毕业学位也不要了,自己和一些志同道合的青年,在北京组织工读团。他们男女团员十余人,男的开饭馆,拉洋车,女的织洋袜,洗衣服,他们高呼"劳动神圣",主张共产,主张绝对的自由恋爱,主张革除世上一切无理而不平等的法律经济政治的制度,希望万恶的旧社会和世界,从自己和朋友们的手里改造起来,造成一个美丽平等而且幸福的乐园。然而旧社会的势力实在太大了,几个青年人的力量究竟太弱了,他们的团体支持不到两年,十几个男女团员,死的死了,逃的逃了,被捕而入狱的也一去不复返了。广余同一个女团员楚霞因恋爱而生了小孩子,在北京生活不能维持,不能不逃到僻处万山

中的家乡去。

张广余一边回忆,一边喝酒吃肉,"炖蹄子没有放盐,自然有点淡,广余吃完了才觉得"。而这时,汪博士来了:"猪肉炖得怎样了?"

"谁叫你不早来,猪肉早已吃完,还剩了一些猪汤。"……

这件趣事,在章衣萍的《枕上随笔》(1929年6月北新书局初版)里则是这样的一幕:

> 章铁民请吴建邦去吃饭,说是自己动手炖牛肉请他。等到吴建邦去的时候,他自己正在大喝剩余的牛肉汤,而且,抬起油汤满唇的脸,对吴建邦说:"你为什么不早来,牛肉刚才吃完了!"

再看《友情》中的这段:

> 汪博士感慨了:"……这次我回来,走莫斯科经过,看见莫斯科的街道,污秽不堪。后来问旁人,才知道莫斯科的街道,革命后简直没有扫过。……"

《枕上随笔》也有:

> 吴建邦博士从比国回来,道经莫斯科,到北京,他对我说:"俄国有什么好!莫斯科的街道,革命以后就没有扫过。"

不妨在此对号入座,那么,张广余就是章铁民,汪博士就是吴建邦。只是把牛肉换成了猪蹄。问题是,《枕上随笔》的记载靠得住否?

章衣萍有一封致胡适的信,发表时的题目是《一首译诗》(后收入《衣萍书信》北新书局版),关于《枕上随笔》的真实性,他说了以下这些话:

> 适之先生:
>
> 一星期前,我曾将拙作《枕上随笔》寄给先生,想先生一定已经看见了。我预料先生看到这书,也许要摇头叹气地说:"衣萍这个宝贝,又做出这样宝贝的书来了!"但我还有什么法子呢?病得这样久,教书的饭是吃不成了,不做书,只得饿死,真是没有法子。
>
> 《枕上随笔》所记虽杂乱不值一笑,然语必有征,不敢作一谎语。……

可见这个记载是可靠的。

再来看看吴建邦和章铁民是何许人也——

吴建邦(1897—1935),字元名,安徽太湖县西康芒冲(今山龙乡)人。民国8年(1919)公费赴法国和比利时留学,获鲁汶大学法学博士和比利时岗城大学博士。回国后任民国政府外交部科长,中央陆军军官学校和北京大学教授,立法院简任编修。1935年,因患附骨疽病殁于上海寓所,时年38岁。

章铁民(1899—1958),字造汉,笔名古梦,安徽省绩溪县湖村人,现代著名作家、翻译家。章铁民的父亲在浙江省淳安经商,其自幼跟随父亲一起生活,在浙江省立九中肄业。1917年,到北京大学就读理预科;1918年,在北京大学数学系就读;1921年与章衣萍、胡思永等人在北大组织读书社,1922年毕业,任北京大学《音乐杂志》干事,曾师从诸城琴派名师王露。1927年,担任暨南大学出版课主任兼中学部教员,与章衣萍、汪静之等成立秋野社,担任暨南大学秋野社《秋野》杂志的编辑。因在上课中采用《西厢记》的部分内容做教材,被当时暨南大学的文学院主任陈钟凡指责为提倡恋爱文学、败坏校风,被迫离开暨南大学。

章衣萍与吴建邦、章铁民都是安徽老乡,在北京是很好的朋友,他和章铁民更是相知很深,不但在上海暨南大学是同事,此前在北京斗鸡坑(笔者按:斗鸡坑地名在北京有两处,德胜门内大街棉花胡同中段路东和宣武门外下斜街路西,原名窦家坑。《京师坊巷志稿》:下斜街迤西曰窦家坑,俗讹斗鸡坑)还同过患难,其《枕上随笔》写道:

> 铁民与余同住斗鸡坑时,实在穷得不亦乐乎!某日,为铁民生辰,余作一诗,以写当时情状:
>
> 炉中火冷,
> 囊中钱空,
> 今朝是铁民生辰。
>
> 起来,
> 买一个馒头,
> 当作蟠桃,
> 祝铁民长寿。
>
> 还私语:
> 愿讨债的人儿,
> 今朝不要来。

两人当年的生活和友谊可见一斑。

章铁民"写信否认自己的父亲,脱离家庭"一事,《枕上随笔》也有涉及:"……还有写信否认自己的父亲的,说:'从某月某日起,我不认你是父亲了,大家都是朋友,是平等的。'铁民也是否认过自己父亲的一个人。……"

在章衣萍的另一篇文章《东城旧侣:寄湖上漂泊的C》中也写到章铁民否认父亲一事:

> C,当我到北京的那一年,你的父亲似乎刚去世吧。你对于你的父亲平时的主张很不合,你告诉我,你曾写信否认过他是父亲的。……你为了反对你的父亲,脱离家庭,曾受了无数的群众的痛恨与唾骂。

这也可以肯定《友情》中张广余的原型,就是章衣萍的好友兼同乡章铁民。

黄深思的原型

《友情》的第三章《胡同纪游》写汪博士、张广余和诗人黄深思去八大胡同嫖娼一事。章衣萍的笔下这样介绍这个诗人:"这位黄深思,黄诗人,当代第一流诗人。——他的名句是:'街上看女人,三步看一次。'广余指着矮子,这样介绍。"

《友情》第四章《诗人有疾》以黄诗人为主角,写嫖娼后的黄诗人染上了性病。第五章《坞背旧事》写黄诗人的父母和童年旧事。第六章《记胡家宅》继续写黄诗人和他母亲在胡家帮佣的故事。其中写到黄诗人的身材和绰号:黄诗人胖而且矮,胡家的人偏替他取了一个绰号,叫作"小萝卜"。

有考据,这些都与一位姓汪的诗人特征相近。汪诗人身材矮胖,在学校里有"矮脚诗人"之称。

汪诗人生于1902年,原籍安徽省绩溪县上庄镇余川村,也是章衣萍绩溪老乡。汪诗人的诗集当年轰动一时,其名句"一步一回头地瞟我意中人"与章衣萍的"三步看一次"也有相合之处。

《友情》中还说到黄诗人写诗:"黄诗人平均每天至少要作十首白话诗,他自己说他的诗大抵成于'三上':所谓'三上'者,即'枕上''街上''厕所上'。"汪诗人的诗集里面就注明有些诗写于厕上和枕上。

再谈"摸屁股诗人"公案

"懒人的春天哪!我连女人的屁股都懒得去摸了!"这

是章衣萍《枕上随笔》中的名句,当年为他赢得了"摸屁股诗人"的"雅号",一度成了章衣萍的"标配",曾遭到卫道者、方巾之士的一致谴责。

2004年,温梓川的《文人的另一面》从马来西亚引进出版,其中,《"情书一束"和章衣萍》(初刊于1968年2月马来西亚《蕉风》第一百八十四期)一文中有这么一节:

> 此外,他还有一句名句:"懒人的春天哪,我连女人的屁股都懒得摸了。"而致被人封为"摸屁股的诗人"的名号。其实,这个"封号",应该送给他的安徽绩溪同乡汪静之的。因为这句名句,原是汪诗人的创作,为衣萍录入他的《枕上随笔》内,外间人多不知底蕴,竟误认为衣萍所撰的诗句,真是冤枉。

这时,大家才知道这句名句的著作权属于汪静之,很多人因此写了文章为章衣萍"正名""辩诬"。其实,章衣萍在《友情》中早已辨明了这点:

> 他(黄诗人)又说,女人的妙处不在脸上,而在屁股。屁股是曲线美的中心点。他曾对朋友说,他是主张"女人屁股中心说"的。他说,《呐喊》上说阿Q为了

摸女人的大腿而飘飘然,这是不对的,阿Q摸的应该是女人的屁股。他也曾有两句妙语:"懒人的春天呀,我连女人的屁股也懒得摸了。"

这诗,后来被某君收入随笔。

章衣萍等于明确告诉读者:某君就是自己,随笔就是《枕上随笔》,而这句名句来自黄诗人,并非自己原创。而黄诗人的原型就是汪静之,也再次坐实,昭然若揭了。

如果读读这本《友情》,殊不必等待温梓川的《文人的另一面》来告诉大家,早就可以给章衣萍"洗刷冤屈"了。

值得纠正的是,阿Q来自《阿Q正传》,该文收入《呐喊》。阿Q摸的是尼姑的头皮,而不是女人的大腿,是因为拧了尼姑的头皮而飘飘然,而不是女人的屁股。章衣萍或他笔下的黄诗人记错了。

另外有一点也值得一说:这句名句出现在《枕上随笔》中,但后来被收入《随笔三种》时不见了踪影,或因为备受攻击,删除了事了。

汪权花和杨琼仙的原型

《友情》的后面几章中还写到两个女子:汪权花和杨

琼仙。

张广余在交通部上班,他的同事汪名杰有个妹子汪权花,是女子大学的高才生,北京城内有名的美女。黄诗人虽然染了梅毒,打着六六六,仍狂追汪权花不止。

《友情》谈到汪家的情况:世居南京汉西门外,父亲本是前清的翰林,曾做过杭州知府。

这点和当年就读杭州女子师范的傅慧贞很相近,不过傅家原籍湖南。

《友情》说黄诗人向汪权花"进攻":"他为了汪权花做了一本厚厚的诗集,叫作《花语》。"

我们都知道,汪静之的《蕙的风》就是为了追求傅慧贞而作的,而《蕙的风》也暗合《花语》。1920年8月31日,曹珮声邀请汪静之和符竹因游览西湖,后汪静之追求符竹因不成,转而追求傅慧贞。汪静之就写了很多诗给傅,集成诗集《蕙的风》。但是,因傅家家长反对(其中有门户不当的因素),汪静之和傅慧贞最终未能修成正果,汪静之再转而"进攻"符竹因,终于成婚。

汪静之和傅慧贞的故事主要发生在杭州,章衣萍则把它移往北京。小说最后安排汪权花被军阀张大个子抢去做妾,这个张大个子指的是狗肉将军张宗昌。

《友情》第十章《壮士气如虹》写到一位敬业大学校长赵

益三,此人有个老套:"他有一个脾气,见着人,第一句话,总是:'今天天气,哈,哈,哈。'一年四季,晴风雨雪,全是如此。"章衣萍《风中随笔》记:

> 江瀚先生每见人,第一句话是:"今天天气,哈,哈,哈。"

由此可见,这位赵益三校长,其原型就是任过京师女子师范(笔者按:《友情》中的敬业大学是个女子大学)学堂监督(相当于校长)的江瀚。

再说张广余,从北京到了天津,遇见了已经十年未见的以前工读互助团的团员杨琼仙,代表国民党从武汉来。两人一见就到旅馆开了房间同宿一床,杨琼仙思想大胆解放,毫不以为意。

《友情》出版以后,自然会引起一点反响,章衣萍在自己写的《作文讲话》里提到了几句,全录如下:

> 章铁民汪静之读了我的小说《友情》上卷,来信大骂,说不应该如此描写,有点像写"黑幕"。其实,我写《友情》的态度是严肃的。而且,像张广余汪博士黄诗人一伙人正是我们所见得到的朋友们,不能算是"黑

幕"中人。我不敢说《友情》是一部怎样了不得的大著，但如我的朋友祥云女士所说："希望广余汪博士永久死去，伟大的太阳快快出来。"《友情》能打动当代青年男女的心，终是一部文学作品。不懂得《友情》与"黑幕"的分别，是不懂得文学的，不能对于观察的材料加以选择，是不配做小说的。

从这里可以获知章铁民和汪静之两人对《友情》上卷的看法，同时也反证了该书原型人物对这种揭隐私的写法是如何的不满。章衣萍虽然表达得不以为意，但此后没有了中卷、下卷的诞生，大概也多少能说明章铁民和汪静之的"大骂"到了什么程度。

自蔡元培写《石头记索隐》被胡适讥为"猜笨谜"后，读小说而索隐，似乎成了一件吃力不讨好的事。然而，中国的传统中，历来就有一派是把掌故写成小说的，最特出的例子就是曾朴的《孽海花》，这种小说，就是把掌故拾掇拾掇，连缀编进小说。现代文学中，以时事为背景的小说，迭出不穷，读的人也因为有掌故好看，才边看边索隐，读得兴味盎然。纪果庵在《孽海花人物谈》中说：

> 唯吾辈中年读此书，所喜者不在其文笔之周密瑰

奇,而在所写人物皆有实事可指,兴衰俯仰,味乎咸酸之外,自与专注意赛金花之风流放诞,而为之考索本事,有见仁见智之分也。

我读章衣萍的小说《友情》,也是如此。姑为索隐如上。

严晓星先生屡征稿于余,掌故之学,未窥门径,徒事捃摭,草为此篇,还望海内大雅,不吝指教。

狼虎会的饕餮大餐

狼虎会,文人们狼吞虎咽的聚餐之会也。这两个字千万不能倒过来,一旦倒过来变成虎狼会,注入了凶残与勇猛的含义,与文人的吃吃喝喝就毫无关联了。

狼虎会还有第二个含义,这些吃吃喝喝的文人,有的顾瘦,有的肥硕,他们就把前者称为狼,后者叫作虎,狼和虎的聚餐,称为狼虎会。

发起和得名

上海的媒体,要数《申报》和《新闻报》历史悠久。凡谈起上海的新闻报纸,有"申新"之称。这两种报纸的副刊,《自由谈》和《快活林》,在很长一段时间内,一个由周瘦鹃主编(1932年底,黎烈文接编后,周改编《春秋》),一个由严独鹤主编,时人目为报界的一鹃一鹤。

这一鹃一鹤,都好口腹之欲。两人常常呼朋唤友,聚在一起撮一顿,于是渐渐形成了狼虎会。

关于狼虎会的发起,成员之一的漫画家丁悚却另有说法。他说狼虎会最初源自四个超级影迷的观影之旅。这四个超级影迷是周瘦鹃、陈小蝶、李常觉和他。据丁悚的回忆,他们四人当年在上海"每星期必往桥北看影戏两次,(桥南影戏院还没有)每次从中华图书馆出来,就往武昌路倚虹楼夜饭,有时,或在别的菜馆进膳,膳后再观戏,每逢星期一五,换新片之日,风雨无阻,兴致之好,真不作第五人想"。这里的桥北桥南指外白渡桥的南北。一段时间后,他们的这一习惯被陈小蝶的父亲天虚我生陈蝶仙(又称老蝶、栩园)知道了。"(老蝶)大跳说:岂有此理!你们倒会独乐其乐。当下一定要我们扩大范围,老少同乐,我们就依了他老人家的主张,凑成一桌之数,遂定老蝶、(王)钝根、(李)常觉、(严)独鹤、(周)瘦鹃、(毕)倚虹、(陈)小蝶、(江)小鹣、(杨)清磬和我十人,后来又加入了任矜苹、周剑云两位。"(丁慕琴《狼虎会起源》)

陈小蝶在1941年写过一篇《狼虎会的回忆》,对狼虎会的发起是这么回忆的:

那时节,我们都是影迷,最初看电影是泥城桥"幻仙",后来高升到虹口的"新爱伦"。常觉和我们三人轮流做东,风雨无阻。

因为坐黄包车看影戏,时间真不经济,往往不及回家吃饭;吃了饭出来,又看不到影戏;就发起每逢礼拜六,先在一家小馆子吃饭,吃了再去看,这就是狼虎会;而发祥地则是四马路民乐园。

这几个人里面,除大家熟悉的天虚我生、王钝根、严独鹤、周瘦鹃、毕倚虹、陈小蝶、江小鹣、丁悚外,李常觉,字新甫,是民立中学的数学教员,后来是天虚我生的家庭工业社的经理,是周瘦鹃在民立教书时的同事。杨清磬是画家,上海美专教员。

狼虎会的得名,丁悚说源于一鹃一鹤的吃相"难看"。他说:"狼虎会的得名,因为独鹤和瘦鹃两人,每在席间,总是穷凶极恶的抢菜吃,我就说他们像'狼吞虎咽',后来就叫它狼虎会了。狼虎会是笑话的制造厂,口头禅的出品所,会外人无论如何不会懂的,而且日新月异,层出不穷,那时,老蝶很有编纂《狼虎会辞源》的伟举,后以事不果而中止,我们认为莫大损失。"陈小蝶也回忆说:"会里笑料百出,几乎可以造成十部辞典。"

周瘦鹃《记狼虎会》说:"何为狼虎？盖谓与会者须狼吞虎咽,不以为谦相尚。而八人之中以体态作比,适得狼四,而虎亦四也。"周瘦鹃说的四狼四虎,乃是指膀大腰圆的胖子和薄皮棺材腔子大之瘦子也。郑逸梅在《狼虎会旧话》中进一步坐实为:"肥硕者为虎,独鹤、钝根、天虚我生、筱巢是也；顾瘦者为狼,瘦鹃、小蝶、常觉、清謦是也。"这里的筱巢指的是涂筱巢,是天虚我生的好朋友,著易堂书局的老板,也是当年狼虎会中的一员。

狼虎会的组成人员,都是文人、艺术家。文人聚会,亦称雅集,其实未必,如狼虎会,其实就是文人聚在吃吃喝喝,闹作一团。大家都是熟人朋友,在席上不拘虚礼,放浪形骸,尽可放开腰带,张开大嘴吃得肚子圆滚滚,满嘴油光锃亮也。这种暴饮暴食,在现在看,未免不懂养生,然文人日常生活,其实也甚辛劳,每周一次聚餐,是生活的一种调剂。

狼虎会一开始每周聚餐一次,地址或某人家里,或某饭店,事先安排,到时会聚。

周瘦鹃笔下的"狼虎会"场景之一:"某日,狼虎会同人集予庐,并予凡十人……时江小鹣高歌《上天台》,铿锵动听；杨清謦与陈小蝶合演南词《断桥》,既毕,杨复戏效'蒋五娘殉情十叹',自拉弦,索小蝶吹笙,予击脚炉盖和之,一座哗笑。"这是饭后的余兴了,原来他们在吃喝之余,还要搞笑,以幽默、滑稽烘托气氛。

一张菜单

说到这里,大家会好奇狼虎会的众人到底在狼吞虎咽些什么菜肴呢?

当年上海滩也就燕菜席、全羊席、鱼翅席、海参席、一品席等等。周瘦鹃描写"狼虎会"上的场景:"前天我在虎狼会席上,趁他严独鹤伸筷子来取鱼翅的当儿……"这就是鱼翅席了。

狼虎会还留下过一个菜单,从中可以窥见他们吃了些什么。一个署名狼虎书记的成员写了一篇《狼虎会食单》,发表在期刊《半月》上。这里全文抄录如下:

> 于休沐之日,每一小集。酌惟玄酒,朋皆素心。与斯会者,有钝根、独鹤之冷隽;栩园、常觉之诙谐;丁(悚)姚(啸秋)二子,工于丹青,江、杨两君,乃善丝竹。往往一言脱吻,合座捧腹,一簋甫陈,众箸已举。坐无不笑之人,案少未完之馔。高吟邪邪,宗郎之神采珊然,击筑鸣鸣,酒兵之旌旗可想。诚开竹林之生面,亦兰亭之别裁也。

匝月以还,佳肴叠出,爰举其名,列之如下:

菊花心　和合豆腐　奶油银丝　双红鸡　红绒翅　松子黄鱼　金瓜鸽片

咖啡冻　薯绒鸡　松坡牛肉　鸽子冠　玉屑银丝　西瓜莲心鸭　金镶碧玉汤

编既成,以示会长大虎,大虎者,栩园先生也。见单,遽色然曰:"食单当附烹调之法,此粤菜馆菜品价目表也,安得名为食单?"书记曰:"吾但欲以嘉名炫人耳,烹调之法,将终秘之。虽然有食指动而必欲知之者,请往问一品香任矜苹先生。"

这位狼虎书记,其实就是狼虎会的所谓"会长"大虎,即天虚我生栩园先生也。之所以可以肯定,是因为他有一首诗《即席赋诗寄拜花余杭(拜花,吾宗,隐居于杭,亦酒阵诗场中一健将也)》,诗前的小序正是上文的第一节。文人故弄狡狯,往往顾首而不顾尾,倒使得后人有了索隐之资。

文章中提到这个菜单属于粤菜,他们的聚餐地点则是任矜苹开设的一品香。任矜苹,宁波人,他生有六个指头,又名六指翁。他是中国早期电影界的一位重要人物,也是电影导演、报刊编辑和菜馆老板。他一度是狼虎会的成员之一。

狼虎会还有一个"工作",就是发掘各种小吃馆子。例如陶乐春,是大舞台对面的一家只有一开间的川菜馆子,店堂里只有三张桌子,专卖榨菜炒肉丝、干煸鲫鱼和鸡豆花汤;还有湖北路转角的雅叙园,只卖油爆肚、炒里脊丝、合菜带帽带薄饼;小花园里的闽菜馆小有天,卖奶油鱼唇、葛粉包带杏仁汤。这些不起眼的小馆子都是经过狼虎会吃过以后,在副刊上写文章捧出了名气。这有点儿像当下的抖音,吃一处,拍一拍,评一评,网红店家就这么诞生了。

苏州之旅

1921年秋,狼虎会成员在上海滩狼吞虎咽大嚼特嚼之后,又把"会"开到了苏州。

汪珠,客串性的狼虎会成员,写过一篇文章《狼虎会艳话》,他听说诸狼诸虎将贲临苏州,"乃鼓捋虎须之胆气,揣攀狼尾之小心"在火车站接站,一会儿果然看见十三四人狼行虎步而来,好在都是些雅狼与文虎,他这只猪(珠的谐音)才不太心惊。

这群狼虎到苏州的第一站是留园,园丁泡茶款客。这群狼虎放声大笑:我们是来大嚼的,一杯清茶能果腹吗?汪珠想:"狼虎游园,殊窒其性,不如纵之归山,然后饭之,必有奇观。"于是,汪珠马上奔出留园,买了一大篓大闸蟹,雇了阊门外的画舫,很可能是李掌寿家的画舫,邀请大家往天平山一游。画舫的船娘"娇而俏",先问人数多少,汪珠对她说:"狼虎十数个。"船娘没听懂,追问说:"客皆郎姓乎?"原来船娘把狼虎,听成了郎府。

大家从留园北的堤岸上了船,开船进发,忽然变了天气,一路狂风大作,船娘吓得变了颜色,船也开始在河中波荡起来。汪珠说:"我们这是未遭狼虎之噬者,先结鱼水之缘矣。"船上的狼虎们也担心起来,大家都不谙水性,船翻了可不得了,又考虑到不能让船娘半途而归,白跑一趟,大家商量决定改道赴虎丘。

"一桨循山塘而溯",已经是中午时分,只见船中静了下来,"老蝶瘦鹃扪腹无语,小蝶与其弱弟叩舷而歌,歌声细如蚤;丁悚先生悚然而和之,亦无聊之驱饥法也"。这群狼虎早已饥肠辘辘。不久,虎丘到了,系舟李公祠(李鸿章祠)前,大家上了岸,一窝蜂涌进了虎丘。船娘则留在船上准备船菜。

不一会儿,草草游过虎丘的这群狼虎回到船上,狼虎会在画舫里开幕了——

"开幕第一声,枣糕两盘,先遭抢劫。"汪珠说,他紧跟捧盘人的足迹进入包间,刚入座,才拿起筷子,把筷子伸向盘子,盘子已经空了,所有的枣糕都已经不见了。扑了个空的筷子,汪珠只能暗暗放下,生怕被大家嘲笑。这时,一大盘蟹也上了桌。这下,船舱里全乱了。

周瘦鹃看见了,撸起袖子站了起来,说:"大家不要抢,分一下,每人两只。"大家说好,但接着众人又因为蟹的大小雌雄,开始抢夺起来,桌面上一片混乱。这时,汪珠注意到陈小蝶不在席上,在船舱里搜索一转,原来正坐在东边窗前的凳子上,独自埋着头。汪珠抢了两只蟹,走过去递给小蝶,他却摇手不要。汪珠就近一看,小蝶一个人早捷足先登,藏了三只肥蟹,正吃得尽兴。原来,当蟹端进来时,小蝶早已在窗间拦住船娘,伸出手去盘子里挑了三只大蟹,还帮弟弟也抢了几只肥蟹。

李常觉笑着对老蝶说:"你这两个宝贝儿子,就像《三笑》书里的'杜笃倪刁'华文华武。"说起《三笑》,大家更是谑浪笑闹起来,把周瘦鹃比作周美人,小蝶比作唐伯虎,老蝶比作祝枝山,赵眠云拟作王老虎,对景入谐,大家博笑一场。最后,大家把船上的饭菜吃了个精光。

船到阊门,付了4块大洋谢别船娘(二十世纪三十年代需6元)。狼虎们上了岸,乘黄包车来到刘氏遂园游览一番。出了遂园,再到汪珠苏州的家里和花园里游览一番,吃了汪家精美的点心。从汪家出来,一群狼虎浩浩荡荡来到了观前街,"转瞬,群狼蹲于采芝斋,瞪其糖味,有所筹维,遽竟出墨银,攫其食品。采芝斋既遭劫,狼爪虎臂,满载而归"。墨银指墨西哥银元,泛指当年的通用货币银元。晚餐由汪珠做东,在新太和菜馆开宴,众人又是大嚼一通。然后,这群狼虎们抹了嘴巴,抚着肚子,乘沪宁火车回到上海。

席散人病

狼虎会这般暴饮暴食,自然引来各种疾病。据郑逸梅《狼虎会旧话》记载:1922年,天虚我生陈蝶仙犯了盲肠炎,治疗期间,有所反思,写了五首律诗,其中一首写道:"只取精华弃糟粕,食单排列试羹汤。鹌鹑出骨炊双脆,萝匐连皮渍五香。豆乳牛茶调味素,菜心鸡粥拌流黄。蔗渣矢橛原多事,怪底偏为吃饭忙。"另一首后半则说:"夜半呻吟忘自禁,搴帷劳煞按摩人。荀衣蒸透桂枝香,误我原来是热肠。"周瘦鹃却余勇可贾,颇不服气,笑称这简直是坍了狼虎会同人的台,是狼虎会之耻。

然而,随后周瘦鹃病胃,严独鹤病肠,这些文人的消化系统开始出现问题。狼虎会就慢慢停止,直至无形中解散了。

当年这种名目的聚会,寓风雅于粗鲁之中,社会上认为这些文人风雅成性,是至性流露,足以风动社会。狼虎会的大吃大喝,也就成为文人之间传诵的佳话。

陆文夫先生曾说过,他在周瘦鹃处获得了对美食的品赏能力。据陆文夫先生回忆:周瘦鹃认为,到饭店吃饭不是吃饱,只是"尝尝味道"。要吃饱到面馆吃碗面就行了。看来,晚年的周瘦鹃对吃,已经不再表现得年青时期那样饕餮贪婪,而是着重于品鉴。看来作为曾经的狼虎会一员,周瘦鹃已经用自己的切身经历,获得了饮食之道的真谛:美食需要品赏,而不是填塞。

迷失在都市里的金岳霖

1927年7月下旬,逻辑学家金岳霖和他的洋女友丽琳,迷失在了上海大都市中。他们是到上海新月书店来找徐志摩的。

新月书店源于新月社这个社团。它于1923年成立于北京,是"五四"以来以探索新诗理论与新诗创作为主的文学社团。该社在1927年春迁往上海,不久正式成立出版机构新月书店。

1927年6月30日,《申报》登出《新月书店开张启事》:"本店设在上海华龙路法国公园附近麦赛而蒂罗路一五九号,定于七月一号正式开张,略备茶点,欢迎各界参观,尚希贲临赐教为盼。"

新月书店的这个地址有点儿奇怪,它其实位于麦赛而蒂罗路159号,但一般都写作华龙路新月书店。关于新月书店,有一个署名白湘(谐音白相)的人曾这么描述:"顺着华龙路走去,走不数武,无意之间,忽然看见左手一个新弄堂门口,挂着一块蓝地白字的招牌,上面写定四个大字——新月书店,下面还有四个小字:在此弄内。""新月书店地盘虽小,依我看布置却颇能免俗。黑灰的木架,衬出来一本一本的新书,侧看有如长虹,上望又似巧云。朱孝臧的题额,江小鹣的油画,书画家的润例,巨细适度,高低恰宜。"

这就给刚到上海的金岳霖带来了困扰。知道地址,但就是找不到这个书店。这种情况有点像卡夫卡的《城堡》,城堡虽举目可见,近在咫尺,K却怎么也进不去。金岳霖也是如此。

1927年7月25日,徐志摩收到一封信,是老金和他女友丽琳的来信,告诉他,他们已经来到了上海,但就是找不到新月书店。在信中,老金和徐志摩约好,第二天晚上到某某路49号A姓张的朋友家会面,徐志摩应约而去,找来找去,只见49号这个门牌,却根本找不到49号A。敲开门,这里不姓张,也不知道什么金岳霖,徐志摩只得转身跑开,夜已深,茫茫都市,哪里去找老金和丽琳呢?偏偏老金的来信居然不写自己的落脚之处,只有那个第三方49号A,怎么办?

徐志摩急了,只得在报纸上刊登寻人启事。徐志摩说:

我现在倒有些着急,故而急急要你登广告。因为你想这一对天字第一号打拉苏阿木林,可以蠢到连一个地址都找不到,说不定在这三两天内碰着了什么意外,比如过马路时叫车给碰失(引者按:原文如此,当是浙江人写北京话造成的)了腿,夜晚间叫强盗给破了肚子,或是叫骗子给拐了去贩卖活口!谁知道!

话说回来,秋郎,看来哲学是学不得的。因为你想,老金虽则天生就不机灵,虽则他的耳朵长得异样的难看,甚至于招过某太太极不堪的批评,虽则他的眼睛有时睁得不必要的大,虽则——他总还不是个白痴,何至于忽然间冥顽到这不可想象的糟糕?一定是哲学害了他,柏拉图、葛林、罗素,都有份!要是他果然因为学了哲学而从不灵变到极笨,果然因为笨极了而找不到一个写得明明白白的地址,果然因为找不到而致流落,果然因为流落而至于发生意外,自杀或被杀——那不是坑人,咱们这追悼会也无从开起不是?

这个寻人启事,确是徐志摩风格,絮絮叨叨中的夸张和风趣。

在当下的话语中,金岳霖给人的印象就是爱情的守护者,他对林徽因不离不弃的守护,曾感动过无数的人,甚至遮盖了他和洋女友的爱情生活。徐志摩写金岳霖的文字,却一下子把金岳霖变成了这么可笑的一个存在:迷失在都市里,哪里才能找到他?仿佛当下电视新闻里的寻找失踪人员的新闻,徐志摩寻人,寻的是三天前来上海的金岳霖和丽琳小姐,"人"字一定要倒写,徐志摩特地关照《时事新报·青光》的主编梁实秋。

徐志摩为什么这么着急,自有他的道理。因为两年前的一幕,一直在他眼前浮现——

> 我想起了他们前年初到北京时的妙相。他们从京汉铁路进京,因为那是车子有时脱班至一二天之久,我实在是无法接客,结果他们一对打拉苏一下车来举目无亲!那时天还冷,他们的打扮是十分不古典的:老金他簇着一头乱发,扳着一张五天不洗的丑脸,穿着比俄国叫花更褴褛的洋装,蹩着一双脚;丽琳小姐更好了,头发比他的矗得还高,脸子比他的更黑,穿着一件大得不可开交的古货杏黄花缎的老羊皮袍,那是老金的祖老太爷的,拖着一双破烂得像烂香蕉的皮鞋。他们倒会打算,因为行李多不雇洋车,要了大车,把所有的皮箱木箱皮包篓子球板打字机一个十斤半沉的大梨子破书(柜)等等的一大堆全给窝了上去,前面一只毛头打

结吃不饱的破骡子一蹩一蹩的拉着,旁边走着一个反穿羊皮统面目黧黑的车夫。他们俩,一个穿怪洋装的中国男人与一个穿怪中国衣的外国女人也是一蹩一蹩的在大车背后跟着!虽则那时还在清早,但他们那怪相至少不能逃过北京城里官僚治下的势利狗子们的愤怒的注意。黄的白的黑的乃至于杂色的一群狗哄起来结成一大队跟在他们背后直噪,意思说是花子我们也见过,却没见过你们那不中不西的破样子,我们为维持人道尊严与街道治安起见,不得不提高了嗓子对你们表示我们极端的鄙视与厌恶!在这群狗的背后,又跟着一大群的野孩子,哲学家尽走,狗尽叫,孩子们尽拍手乐。

这行到也就不简单不是,就是这样他们俩招摇过市,从前门车站出发,经由骡马市大街到丞相胡同晨报馆旧址去找徐志摩去!晨报早搬了家,他们又折回头绕到顺治门外晨报社问明了我的寓处,再招摇进城,顺着城墙在烂泥堆里一跌一撞的走,还亏他们的,居然找着了我的地方!看来还是两年前聪明些。这样下来,他们足足走了三个钟头去了原来只消十分钟的路。

只消十分钟的路,金岳霖和丽琳就这么在北京走了整整三个钟头。有过这样的前车之鉴,这次金岳霖迷失在上海的街头,就使徐志摩哭笑不得又紧张不已了,"因为上帝知道谁都不能推测哲学先生离奇的行踪!"于是,也就有了这篇很可能是徐志摩轶文的寻人启事《徐志摩寻人》(报上所刊原文"人"字倒写)。

对此,梁实秋开玩笑道:"昨天青光刊载《徐志摩寻人(原文"人"字倒写)》一文,徐先生特别要求,人字要倒排,我于谨遵台命之余,心里便很疑惑,为什么好好的一个人要两脚朝天做出一种很不规距(引者按:原文如此,当作矩)的模样?"同时也对金岳霖迷失在都市街头表示了理解:"但是在上海寻人(原文"人"字倒写),有特别的困难有时候,你知道一个人的住址是什么路什么里什么号,你就是干找不着,顶长的一条马路,两尽头处才有一块五十尺外看不见的牌子;立在弄堂口外的巡捕不一定知道面前这条弄堂叫什么名字;门牌有大牌有小牌,有新牌有旧牌,有时有 ABC 的区别,寻人谈何容易!"

还好,寻人启事刊出之后,金岳霖、丽琳和徐志摩在上海重逢了。

辑三 | 啜饮

苏州金门三章

金门历史

苏州的金门,具体是什么时候开辟的,我手头没有靠得住的史料,如果从网上查,也是一笔糊涂账,只看到胆大的,没有发现严谨的。朴学的严谨传统似乎已经流失,演变成网络上一场无规则的狂欢,到处都标榜学术和文化,仔细看看则到处都是野狐禅式的游戏,很少有文化和学术可言。当然,我不是在这里发牢骚,屈原在两千多年前已经发了个最大的牢骚——《离骚》,我们所要做的还是埋头工作。

苏州金门的开辟,经历了很多周折,曾经历了两启两闭,然后再设计和重新修建的过程。最早开辟金门大概是在二十世纪二十年代初,与南新桥的建成有关。1921年,石路南新街、南新桥相继建成后,出城的通路有了,进出的门当然必须赶快建造,于是就在次年(1922)选址如今正对南新桥的一段,决定在城墙上开辟金门。

那么具体是什么时候建成的呢?

有一个五老开金门的传说,说苏州的五个士绅张一麐、李根源、刘正康等人,商讨要辟金门,顺利获得了县府的支持,最后在城墙上开出了金门。这个故事,突显了苏州士绅的力量,可以先于县府而规划苏州的建设。这确实是苏州士绅主导苏州的实情,相同的情况,如南通,如无锡,都是士绅之力大于地方行政力的好例子。

金门之命名,除了五行之西方属金外,还与阊门外古代的金阊亭有关。这个古老的驿亭,与阊门外的水陆交通和商业发达都有相当的联系,于是,阊门外的石路地区,大家笼统地称为金阊,后来的行政区划也沿用金阊这个称呼,称为金阊区。所以说金门之命名,当与古代金阊亭有相当关系,盖不但在阊门附近,且出去就是金阊,所以称作金门,自然顺理成章了。

金门开辟在二十年代初的一个证据,就是程瞻庐的《最近苏州竹枝词》,其中谈及金门的一首,刊于 1924 年《红玫瑰》第 12 期。其诗曰:

> 新辟城门亦壮哉,取名曾否费敲推。
> 金为兵家成奇谶,迷信由来拨不开。

程瞻庐创作的竹枝词乃"最近"竹枝词,而首句又说新辟城门,且《红玫瑰》乃半月刊,第12期的出版时间是当年10月18日。这首诗还有一个注:

> 苏州城门凡六,曰阊曰胥曰盘曰葑曰娄曰齐。最近又辟两城门,一曰平门,一曰金门。建筑将竣,而江浙战事,遽尔实现,咬文嚼字之老先生,至此遂说现成话曰:以金为名,大非佳兆。欧阳子秋声赋云:夫秋,兵象也,于行为金。今新辟之城门曰金,其时又适为秋。四方兵起,奚足怪乎?闻此说者,咸为之嗟叹弗已。

这段诗注比较具体地交代了金门开辟的时间:"建筑将竣,而江浙战事,遽尔实现。"所谓江浙战事,又称齐卢战争。直系军阀江苏督军齐燮元与皖系军阀浙江督军卢永祥为争夺上海兵刃相见,史称江浙战争或齐卢战争。战争烽火由9月烧起,凡40余日,10月15日,以卢军投降而告终。这里用"将竣",说明金门正式建成的时间大概就在1924年9月略后。程瞻庐的诗和注里,还提到迷信的问题。

当金门开辟之后,苏州马上面临了齐卢战争,苏州虽然不是正面战场,却也深受军队过境和败兵骚扰之殃,所以咬文嚼字之老先生就说:"这个门以金命名,所谓金戈铁马,主有兵灾。"又引欧阳修《秋声赋》引申说："今新辟之城门曰金,其时又适为秋。四方兵起,奚足怪乎?"这一吓就吓得苏州人随即把金门堵了起来,不敢使用。

齐卢战争过后,苏州人把堵了的金门又打开了。然而,1925年10月,又发生了浙奉大战,10月19日,五省联军总司令孙传芳进攻南京,江苏督办杨宇霆败退,19日南京失守。这次战争,只是在周边发生,并未影响到苏州,但因为迷信,士绅们已经成了惊弓之鸟,苏州人赶紧又把金门封闭了起来。

黄转陶在《记苏州两奇士》中这样说:"苏州金门,因战封闭,堵以沙袋,有银金主萧杀之气,故门两启而两召战祸。"这篇文章刊于1926年《太平洋画报》第一期,6月10日出版,可见金门在此之前,即在1924年9月到1926年6月期间已经有过两启两闭之经历。第一次开金门,遭遇战争,或许是一个巧合,孰料第二次开金门,又碰上了战争,这使得苏州人,特别是士绅们更疑神疑鬼了:难道金门的开闭,真的会招来战争和动荡,影响苏州人的平静生活? 随后苏州人不对金门抱有期望了,决定彻底关闭金门。这回不仅仅是用沙袋封堵了,而是在金门门洞砌了砖头,然而出城的通道还是应该有的,就决定在景德路的延伸线附近打开一个临时性质的新阊门,以区别于北边的那个阊门,以利城内外的交通。

二十世纪二十年代,江南地区军阀混战,兵连祸结,民不聊生。金门的开闭,适逢其时,苏州人把对和平的期望,不恰当地与一个城门的名称联系了起来,而不是将和平与否看作整个社会环境的必然,致使金门蒙冤不白。

新阊门开辟的时间是1926年初,正是这种迷信的结果。据黄转陶的《记苏州两奇士》说,韩国钧时期一个姓沈的江阴税务所长,以善相风水闻名,张一麐因为金门开辟后,苏州频遭战乱波及而苦恼,开启要遭战乱,关闭却交通不便,怎么解决?张就请沈氏来看。经过丈量和测算,"沈谓此门太正,得能稍偏西,则顺平可期百六十年焉"。于是,听命于风水沈先生,张一麐等人就在景德路的延伸线偏北上动脑筋,开辟了斜而不正的新阊门。

新阊门开辟之后,人们普遍的反映是不便,出了城门,却要在河边小道朝北走上近百米才能上南新桥到石路去,通衢大道中间夹杂着这么一条"盲肠",实在让苏州人汗颜。

1926年3月21日出版的《苏州评论》第三期,内有一篇文章《新阊门》写道:"新阊门已经开了好多天了,我到今天才有功夫去观光。……灰色的城环子,石灰还是很新鲜的,进出的人们,很容易分辨出新城砖的泥痕和旧城砖的陈迹。不过城门的位置是比较以前曾在那里开过的金门,确乎更换了。正如一般人们所传闻的,方向也斜了,一点不对准着那对面的南星桥(即南新桥),如以前的金门了,并且门额上镂着'新阊门'三个泥字,还没上色。为什么位置要改变呢？为什么新开了的金门不用,重复砌没,另开新的呢？为什么位置要改变,方向也要改变呢？为什么金门不用,另行给它取个名字叫新阊门呢？表示苏州阔气吗？表示苏州有闲钱、多闲钱吗？不是的！原来是为首绅士们不乐意的缘故。""我们的新阊门是风水先生看过方向,量过位置的。""我们以前很奇怪的那战争停后金门还是不开一年多的缘故,大概也是这个道理吧！"由此可见,金门自齐卢战争之后,曾有过关闭一年多的历史。从此文也可以看出,苏州新文化人对于老辈人迷信守旧的不满心态。

北伐胜利后,国民政府定都南京,多多少少给国人带来了一番新思维和新气象,苏州士绅觉得这下可以天下太平,不必再相信迷信这一套了,于是,1929年8月,在苏州市陆权市长的主持下,再次筹建金门。"市府兹拟重行迁建,与该处干路成一直线,更名为金门","以壮观瞻而利交通",市府建设局画好了图纸,是"罗马宫城式,有三个连环门,正中之门特大,门之四周,装饰品颇多",呈送省建设厅批准,结果批下来是"查核所呈各件,大致尚无不合,应予批准"。唯对经费,认为"价格过大,应予核减"。

1930年秋,金门的立项与建造就进入了实施程序,由苏州市的工务局发包给营造人,以60个晴天为限,克期完工,逾期一天,罚洋8元。

然而,金门建成之时,苏州市这个建制已经不存在(笔者按:民国苏州市成立于1928年12月初,1930年5月为紧缩行政开支,撤销苏州市,与吴县合并),又转换成了吴县,当时的县长是黄蕴深。

很多巧合,往往会主宰人的意识,苏州的金门变来变去,就变成了现在这个样子。

罗马宫城式金门落成

不妨先梳理一下金门两开两闭的历史:1922年筹建金门,1924年秋正式建成,恰好遇到齐卢战争,随即用沙袋堵塞关闭。1925年10月重新开启,不久又遭逢浙奉大战,金门又马上关闭,这次是彻底砌没了。1926年初换址开了新阊门,1931年元旦新阊门关闭。

1931年元旦,金门再次落成,开启了新的篇章。这次建成的金门,已经不是此前的形象与形式,而是采用了西洋的罗马宫城式城门。这是一次创举,这样的设计,是基于马车、黄包车和汽车的出现,为了行人的行车安全考虑,把人行道和车行道分开,各行其道,互不相扰。

这一天,金门内外喜气洋洋,一片祥和。启门典礼上,金门还挂上了一副对联:

> 胜地辟金门,吴下笙歌喧岁首;
> 欢声腾茂苑,桥边灯火耀城隅。

金门落成典礼,假座金阊小学举行。

上午十一时许,由吴县县长黄蕴深的夫人吴品仙女士启门如仪,同时封闭新阊门。当年剪彩和启用,都学西洋习惯,请女士主持,所以县长夫人毫无争议地担当了落成启门典礼的主角。

金阊小学礼堂,主席黄县长和建设局长魏师达相继报告开辟经过,继由江苏省建设厅委员林鉴秋(藻鉴,福建人)及陈质君、来宾许博明等相继致辞。

林鉴秋的演讲,颇具文献价值,且很有民国演讲的特点,值得一读,摘要如下:

> 各位同志,各位同胞,兄弟今天代表江苏省建设厅到此,参加吴县金门落成启门典礼,刚好逢着普天同庆的民国二十年元旦纪念日。天气这样清和佳丽,各界

莅会的这样的欢欣鼓舞,开会的地点又在这山明水秀的苏州,可以说是得了天时地利人和的三合的好机会。兄弟觉得异常的愉快,孙厅长(鸿哲)对于江苏省的建设,是具了宏大的志愿,而且抱着万分的热心,对于吴县苏州,以其地理历史种种的关系,尤其注意的。

建筑金门经过的情形,刚才黄县长魏局长讲得很清楚了,如果当时大家都没有觉悟到建筑金门的必要,没有同心同德,继续不断的努力,兄弟相信,到今天绝对不会发现出这一座巍峨华美的金门。现在金门启辟了,请大家抬起头来,回首看看那个旧的又斜又矮又窄的新闾门,然后再转过来,看这座的金门,两相比较,孰优孰劣,可不是立刻就可以明白了吗?所以建设的事业,是革旧鼎新的事业,旧的不除,新的不会发现的。因为现代科学的进步,一日千里,我们民众在社会上一切的需要,也是随着科学的进步,一天一天的文明起来,那么旧的是背时的,是不合现代的,所以我们要遵守了总理所昭示我们的实业计划的四大原则,把旧的一个一个革掉,来建设合于科学的,合于现代需要的新建设。譬如一个灯,从前只有油盏头,简直不过一点的豆光,现在有了汽油灯电灯,光照四壁,灿烂悦目,那么我们自然的要除掉了旧的油盏头,来采用汽油灯电灯了。

还有一个比喻,就在走路这一方面来说,从前是光靠两条的毛腿跑东跑西的,后来有了两人抬的轿了,大家就不光靠两条的毛腿,就利用轿子代步了。现在又有了马车汽车火车电车汽船飞机等等,比轿子更便利得多,更快活得多,大家也就不用轿子,而用车船飞机等等了。这样看起来,科学一天一天的进步,那物质的建设,也要一天一天的文明,才可以应了时代的需要。不过当了他们创始的时候,也许有一部分不大明了的,到了完成以后,如现在的马路铁道,和一仰头就看得见的金门,就可以判定了新建设的价值了。……兄弟今天感觉到金门启门典礼,又在这二十年元旦日举行,是真有意义的。兄弟现在大着胆子说一句,今天金门的启门,实在可以说是苏州开了建设之门,至于门内进行种种的建设,还要希望吴县的党部政府,各社会团体以及全苏民众团结起来,本着总理实业计划,打了今天元旦日开始,努力进行,建设成一个"科学化""合理化"的新苏州。到了这个时候,非特以往现在苏州文化发达的历史,得以光大永久,而且进一步的,为今后全国新科学建设的模范县。这是兄弟今天的贡献和希望,敬祝大家新年进步,新年健康。(文载 1931 年 1 月 5 日

《苏州明报》,标点等略有更动)

这篇演讲词没有过多涉及金门开闭的历史,因为此前已经由黄县长介绍过了,这对于当年的苏州人,本是耳熟能详,不必多说的,所以报纸也略过没提。值得注意的是,在林的演讲中,提出了建设发展的两个方针:科学化和合理化。这也是金门设计成罗马式,而不是中国传统式城门的依据。这是很有远见卓识的,与我们后来提倡的"科学发展观",可谓先后呼应。

1932年2月,上海发生了淞沪抗战,不过这次金门总算没有第三次关闭。

金门奇案

1931年元旦,罗马式的城门金门正式落成启用,半年多后,金门忽然发生了一件奇案。

那是7月29日晚上9点50分,苏州仲夏的一个夜晚,城门向着城外大开,金门内外,灯火通明,路上有很多纳凉市民和行人。

罗马式金门建成时,就装有城门。城门的开启和关闭,与治安和战乱有着密切的关联。治平时期,城门一般不关,只有紧急情况下才会临时关闭。战乱中,城门的关闭没有规律可循,往往视局势而定。如今的苏州,承平已久,金吾不禁,城门都是常设而不关,甚至连门都没有了,这是后话。

1931年的金门,每天都有警察值班,他们在城内路边的岗亭里轮流站岗。这天值夜班的是淮阴清阳人王杰三,时年26岁。当时,飞行队员巡警陈炳祥正骑车巡逻经过金门,因为和王杰三熟识,就停下和王杰三闲聊着。飞行队员是当年的巡警组织,每人配备一辆自行车,不断在城里各个辖区内巡逻。

正在这时,传来一阵闷响,随后响起行人和居民们的惊叫:"有人掉下来了。"

只见金门正中的城墙上,掉下一个人来,落在城外的马路中间。

据《苏州明报》报道:

> 有一年约三十岁左右,上身穿白短衫,内衬白线汗衫,下身穿有黑布裤两条,光头,足穿黑袜的男子,突自金门正中新建之罗马式城墙上,堕落城外身死。该尸双手蜷缩,腿脚弯曲,合仆地上。左额磕碎,脑浆迸流,鲜血满地。

金门发出的这一声闷响,引得路人纷纷围观。两人赶忙保护现场,同时向飞行队和警察分局报告。顷刻间,正在附近街道巡逻的飞行队员赶到城门下维持秩序。

目击者说:事发时看见城墙上有两个穿白衣的人,不久消失在夜幕之中。苏州警察局阊门一分局局长徐叔廉及巡官徐伯英、徐慕孺赶到后,马上爬上城墙勘查现场。在城墙上,徐局长等发现了以下现场痕迹、物证:

> 蓝布衫一件,内有用剩之自来火半小匣,铜元三十枚,已撕碎之信封一个,封信上写着面交两字,草帽一顶,帽内牌号:北京益庆祥旗球牌,帽子四周均染血迹,黑鞋一双。城垛内还有吃剩的香瓜半只,草丛中发现膏药一方,两堆面食呕吐物,碗口大鲜血一滩,染有血迹的城砖一块,砖上血指印四枚。

警察扩大搜索,在附近抓获两人,分别是住居阊门外永福桥 52 号的盐城人吕文忠和吕永常(一作容常)。两人是叔侄关系,吕永常 39 岁,吕文忠 27 岁,他们声称是上城墙寻觅外甥,对于金门发生的事情,毫无所知。两人随即解往分局羁押。

当夜,一分局警察四出寻找尸源,询问附近居户有无失踪或纳凉未返,扰攘到深夜,没有一点结果。

翌日一早,阊区一图地保金维馨因为自己的地面发生了人命凶案,责任攸关,了解详情后,赶紧到地方检察院投状请验。接待他的是石兆麟检察官,讯问过后,金维馨就告辞出来,到现场准备配合检察官勘验。

下午三时许,石兆麟带同书记官(相当于记录员)李恒箴、检验吏(相当于过去的仵作)刘士新及法警一名,乘车来到金门城下。石兆麟叫来附近的金龙照相馆对尸体摄影存案,以备认领。石兆麟坐定后,叫来王杰三、陈炳祥,要他们叙述当时的情形。

事后《苏州明报》连日发表长篇报道,分析案情,同时关注地方检察处的进展,及时跟进报道,此处不赘。

看着惊悚悬疑的案件,却是以无名氏醉酒跌伤,在挣扎中不慎坠落城门结案的,吕永常叔侄无罪释放。

据《苏州明报》8月25日报道:

金门之堕城毙命案:嫌疑行凶人省释矣

金门城头平台上,于前月廿九日夜间九时许,有一年约三旬形似工人之某甲,堕城跌毙。当时该管公安三分局,认为有人谋害,饬警上城搜查,当获涉有嫌疑之吕容常、吕文忠叔侄二人,解由公安局转解地方法院检察处审押。翌日由石检察官带同刘检验吏检验,因查勘城上有血渍,刘检验吏乃亦认为谋杀,旋本报据舆论所述,详载似系酒后睡中堕城跌毙,而非被人谋杀之疑点后,蔡首席检察官为慎重计,复命检验吏宣彝芳前往金门城上查勘,宣检验吏据勘得情形,亦认跌毙而非被杀各节,已先后详志本报。惟吕容常吕文忠二人,迄尚羁押看守所中,此亦为嫌疑二字所累,固未便轻于省释也。兹悉吕等入押后,迭经检察官提庭侦查,察核先后供词,似吕容常等殊无关系。故昨日上午,由石检察官莅庭作最后侦查,旋即庭谕准予交保,省释完案。

一天星斗,至此天朗气清。
苏州金门至今还在发挥着城门的作用。

苏州的丰备义仓和吴县粮仓

2020年4月25日,苏州新闻宣布:丰备义仓修复保护工程启动,百年粮仓即将重生亮相。这不仅是对历史遗迹的保护,也是对传统文化的再造。那么,苏州义仓的历史又是什么呢?且听我慢慢道来。

丰备义仓的诞生和衰落

自古以来,中国就是一个农业国家,有着"周官布政,重农贵粟。管子治齐,首实仓廪",也即"仓廪实而知礼节"的说法。只有民食充足,民生富裕,才谈得上社会的发展进步。民以食为天,民食一直是我国民生的首要问题。人,只要饿上几天就会身形俱灭,因此丰年积谷,有备无患,荒年粜谷,平抑粮价,就成为国家层面、地方政府的一个重要制度。

《中国历代食货志》说:"常平起汉,义仓起唐。使饥不病民,贱不伤农,非独以备荒政也。元代因之立义仓于乡社,又置常平于路府。"从汉朝开始,中国就有了常平社仓制度:设置专门的仓库储存粮食,利用价值规律,丰收的年份储藏粮食,灾年的时候卖出粮食,以防止"谷贱伤农""谷贵伤民"。义仓制度起于隋唐,隋文帝开皇五年(585),工部尚书长孙平有"劝课当社共立义仓"折。到了宋代,义仓制度逐渐成熟,宋建隆四年(963),宋太祖赵匡胤下诏:"多事之秋,义仓寝废;岁或小歉,失于预备。宜令诸州于所属县,各置义仓。自今官所收二税,石别税一斗,贮之,以备凶歉,给与贫民。"到了清代康熙十八年(1679),乡村立社仓、市镇立义仓的做法依然得以延续。但到了道光年间,社仓和义仓的运营已经弊窦丛生,亟须改革。

道光五年(1825),时任安徽巡抚的陶澍向皇帝上了一个奏折,率先提出了丰备义仓这个概念。

这个奏折叫《劝设丰备义仓折子》。在这个奏折中,陶澍针对古代社仓春借秋还,"初意未始不美,而历久弊生,官民俱累"的情况,提出了新的设想:"每乡每村各设一仓,秋后听民间量力捐输,积存仓内,遇岁歉则以本境所积之谷,即散给本境之人……"在奏折的最后,陶澍提出了丰备义仓这个新的概念,希望这个名字可以被认可,并恩由上赐:"臣所议章程与社仓之法有异。本以丰岁之有余,备荒年之不足。可否以丰备二字,仰恳天恩,赐为仓名,俾垂永久。"

事出意外,道光皇帝并没有批准陶澍"丰备义仓"这个名称,回复道:"不必另立仓名。"

所谓丰备义仓,它的本质是义仓,做慈善是它存在的首要意义,它的价值体现在赈济饥民和灾民。其要点就是由过去的官办改为民办,由士绅办理、捐输、赈济,一切由地方人士打理,而由官方进行监督。

道光十二年(1832)六月,林则徐擢升江苏巡抚,他面对着一个复杂的局面:江苏行省不仅素称难治,而且灾祸连连。在《复陈恭甫先生书》中,林则徐说:"江苏之病,更比吾闽为难治者,以局面太大,积重难返二语尽之。自道光三年(1823)至今,总未有一大好年岁。"江苏素称鱼米之乡,孰知自道光初年的江南江北,竟已经连续十年没有过风调雨顺、五谷丰登的年岁了。到这年冬天,苏州城里出现了大批饥饿的难民,不得不靠官府和士绅的慈善之举苟延残喘。(见《林则徐年谱》)面对这样棘手的问题,林则徐想出了设立义仓和流动粥担的方法。林则徐首先在巡抚衙门的后面搞了个义仓。"节署之最后一进,旧为楼屋,年久失修,濒于倾圮。余商之同人,葺为义仓。"(见《林则徐日记》)

道光十五年(1835),已经是两江总督的陶澍和江苏巡抚林则徐再次上书筹设丰备义仓的奏折《会同苏抚筹设江宁省城丰备义仓折子》。这次终于得到了道光皇帝的批准:

上谕:陶澍等奏筹设义仓以防荒歉一折,江南省连年被水,抚赈兼施。兹据该督等奏,于江宁省会等地方筹设丰备义仓,积贮谷石,以防荒歉,共计捐输谷三万六千三百余石,业已收有成效,此项建仓备贮,系官民捐输承办者,著免其造册报销,该部知道,钦此。

从此,江南地区有了丰备义仓这样的取代社仓的荒政制度。别的地方有所效仿,如陕西的丰图义仓等。

丰备义仓是清政府中叶江南地区对于荒政的一个制度设计,其详细过程,可以参考《长元吴丰备义仓全案》(正续编),潘遵祁辑,苏州图书馆有藏。

丰备义仓曾发展到苏州每个乡镇都有的程度,我早年生活过的木渎、横泾、浦庄、蠡口的粮库,都曾是苏州府丰备义仓的组成部分。

太平天国之后,苏州城里的丰备义仓已经荡然无存。

同治初年,百废待兴。丰备义仓先后得到部分恢复,由过去的17处,变为5处,分别在平江路庆林桥东堍、狮林寺巷东口、潘儒巷石家角、华阳桥东堍、娄门内桥湾街。然而，过去的新生事物，运行日久，依然会弊端丛生，且经过战乱，士绅阶级的经济实力断崖式下降，单靠官员和士绅捐输，已经杯水车薪。特别是各个乡镇的丰备义仓，到了宣统初年，已经难以为继，成为地方士绅的一个压力重重的负担，他们曾联合起来呈文时任江苏巡抚的程德全，要求程德全收回丰备义仓的经管权，理由是既然都称其为苏城丰备义仓，应该全部属于苏州府管理，不该把责任完全推给乡镇地方，结果程德全驳回了所请。

举一个民国时期的例子，来说明丰备义仓的情况。据1931年仓储会文件，苏州的丰备义仓尚有5处，共527间，运转经费有存在典当里的生息银两25600两，35800元，证券票额69162元7角8分8厘，银行存款有35032元5角8分，存钱庄银1万元，本仓账上流动资金有2731元4角9分6厘，存谷32103石3斗9升，新积谷82927担90斤，还有专属的田荡20500余亩。

于是，设立官方的义仓作为丰备义仓的补充也摆上了议事日程，这就是长元吴三邑义仓。

长元吴三邑义仓

同治三年(1864),谷仓的设立由布政使(藩司)领头,指定地方士绅出面办理,其中最主要的人物是我们都熟悉的潘家的潘遵祁太史(道光进士,翰林院编修,号西圃)和冯桂芬宫允(詹事府右春坊右中允,号校邠)。他们选择的义仓地址,在盘门附近"盘溪边的新桥巷",命名为长元吴三邑义仓。这是长洲、元和、吴县三县联合设立的义仓。义仓储粮则主要以漕米带征积谷的形式为主,同时以士绅、地主、富商的捐输为辅。

新桥巷,过去称盘门新桥巷、盘溪边新桥巷,即今东大街上的新桥巷。从侍其巷与东大街交界处往南,中间还有一条小巷叫师古桥,或是师姑桥变俗为雅之后的称呼,然后就是东西向的新桥巷了。东起东大街,西至吉庆街,这一大块地域就是长元吴三邑义仓所在地。这里曾是明代和丰仓遗址,由宣德年间的巡抚周忱创建。

我对新桥巷很熟悉,十多年前,女儿在巷里的立达学校读书,每天接送,阅尽朝霞夕晖。这里原本是苏南苏州新苏师范、苏州教育学院,后来迁移新址,改成立达学校,这个地点还包括新苏师范附小。二十世纪三十年代前后,女教育家杨荫榆也把家置在这里。

长元吴三邑义仓,是苏州在太平天国乱后由政府主导,士绅协力设立的一个义仓。

1906年(光绪丙午年),用于灾荒救济的义仓,被眼前更重要的事情取代了。当时,因为到处借外款修筑铁路,引起了国人的不满,兴起了一个赎路运动(又称保路运动),这是近代史上一次有名的带有"文明排外"性质的爱国运动,同时也敲响了清朝的丧钟。国人出钱出力,要赎回由债权国经营的铁路权,就必须造就一批铁路人才,于是,新桥巷的这个长元吴三邑义仓被选中,挪作他用,成立了铁路学堂。

1911年辛亥革命爆发,已经停办多年的铁路学堂,一变而成了苏州第二女子师范学校。苏州第二女子师范学校,创办于1912年7月,江苏都督程德全任命杨达权为校长。至此,义仓的主体建筑和附属建筑被侵占,成为讲堂和宿舍,长元吴三邑义仓名实俱亡。

再建义仓的努力

1922年,北洋军阀时期,韩国钧(字紫石,扬州府泰州海安镇人)任江苏省省长,他决心在苏州五个丰备义仓的基础上,恢复长元吴三邑义仓,于是下令把苏州第二工场即宝苏局拨交苏女师作为校址,让苏女师迁建。然而因为经费和民意等诸多因素的梗阻,这事一直没有办成,搁置了下来。

宝苏局,又称宝苏铸钱局,清代设置在苏州的江苏省铸币厂。康熙六年(1667)置局,雍正九年(1731)正式称宝苏局,在苏州城北阊门内下塘东、崇真宫西。这里过去是明代粮仓永丰仓旧址,当时产权属于吴县教育局。

时间到了1927年,吴县县长王引才,在新桥巷义仓中的一部分设置了公益局的公益经理处,管理公共事业,其中包括义仓和赈济等,再建义仓的任务由公益经理处推动。

1929年,江苏省发布了一个文件《义仓管理规则》,进一步推动了荒政的完善和义仓的重建。《义仓管理规则》中规定:仓屋移作他用者,一律收回。万不得已,亦应偿以相当房屋,以重荒政。

吴县县长黄蕴深就此任命丁鹏、程兆栋、沈绍增、汪炳台、严家晋(时任木渎小学校长)等人成立仓储管理委员会。经过江苏省和吴县两方反复磋商协调,终于取得了一个新的方案:苏女中不动(作者按:苏女师已改为苏女中),宝苏局因为太近市场,不宜也不便设立义仓,决定把宝苏局地块"定价变卖,以所得之资,改建新仓"。

吴县新仓

1931年夏,苏州又遭遇特大水灾,扩大仓储能力,建造吴县新仓迫在眉睫。吴县仓储管理委员会在7月31日《苏州明报》头版发布《招标启事》,出售宝苏局地块。启事全录如下,酌加标点,以便阅读:

案照:吴县县仓与苏州女中房地一案,由教育厅将宝苏局全部房地偿还县仓,由县仓标卖,后以得价,尽数另购相当基地,并建仓之用,业已双方履行交换手续。兹准吴县县政府函开:该处地接金阊,市廛繁庶,基地价值比照邻右,每亩当在二千元左右,现拟连同地面旧屋,假定二千元一亩为最低价格,房屋不另作价。惟基地分厘须一并折算,即由贵处按照标卖惯例,拟定办法,举行招标手续可也。等因。经本会第三十二次常会议决照行各在案,合亟登报公布,如有承买是项房地者,即请查照后开办法,如期前来投标,俾昭公允,特此通告。

计开：

地址：坐落吴县北亨三上图，阊门下塘宝苏局基地，三十四亩五分九厘。

价格：最低价格每亩二千元（连房屋一并在内）。

投标地点：平江路庆林桥堍本会。

标纸：投标人须先到会领取标纸，按格填写，并缴保证金三千元，由本会掣给收据，得标者于缴价内扣算，落标者凭据发还。

得标：以投标人中最高价格为得标。得标人当场应先缴标价十分之三，其余应于十日内缴清，并随缴手续费百分之一五，如逾期不缴纳清楚者，除将保证金没收外，即以次高价格为得标。

投标办法：上开不动产，如有人欲承买是项房地者，请将姓名、籍贯、职业、住址、标价，分别详细开明，密封投入本会标匦内。俟至开标日，投标人务须先期来会静候，当众开标。

投标、开标日期：国历八月一日起至十三日止，每日上午九时至下午四时，为投标期间。十五日上午十时，为开标日期。

到13日，即传出"宝苏局基地出卖矣"的消息。8月17

日,《苏州明报》有了确切消息:

仓储会前以仓屋与苏女中交换宝苏局后,因该局不适储谷,乃将基地卅四亩五分九厘标卖。昨日上午十时,在仓储会开标,结果福记公司以每亩标价二千一百五十五元五角得标云。

同日,《苏州明报》刊出启事,公布标卖结果,公示如下:

本会标卖旧宝苏局一案,经函请县府派员监视,于本月十五日上午十时在本会开标。兹将各户标价及得标者户名列后。

计开:
福记公司每亩标价二千一百五十五元五角
信记公司每亩标价二千一百五十一元
协记公司每亩标价二千一百四十八元一角
兴业公司每亩标价二千零二十四元二角

开标结果:福记公司以标价最高为得标人

公开招标,过程严谨,程序合法,吴县仓储管理委员会办事可谓公正透明。至此,长元吴三邑义仓地块,被苏州女子中学鹊巢鸠占,而吴县仓储管理委员会又从宝苏局中脱身而出,置换成功。

正在此时,齐门内的苏经厂关闭。这块地方占地12亩余。仓储委员们经过踏勘,一致觉得此地"水陆交通,运输便利,改建县仓,佥以为宜"。(丁鹏《重建吴县新仓记》)

在过去,粮仓的择地,首先要考虑水陆交通,必须籴粜方便,其次要地段高爽且有空地可以晒谷和建仓。地势太低,易遭水淹;地点太热闹繁庶,易引起火灾;太荒僻冷落,则容易被盗抢。

仓储会用出售宝苏局土地的钱款买下了齐门苏经厂地块,1934年改建成功,"厅舍、仓廒、晒场、河埠,靡不具备",命名为吴县政府粮仓。

为了能够持续发展,对粮仓南部的旧屋,也同时作了修缮,出租给周边居民,用租金作为粮仓日常的维修基金,并在仓库空地上挖了一口井,以谢宣城的诗句"山积陵阳阻,溪流春谷泉"取名春谷,并命名该处为有谷里。

据1931年仓储会文件,吴县新仓的情况是:证券票额20742元4角5分,存典当生息500元,存银行生息8997元6角,流动资金1084元2角8分2厘,谷6514担另20斤,并每年有县府拨付常年经费5000元。

吴县新仓与丰备义仓不同的是,它有政府拨款常年经费,而丰备义仓则靠的是创办之初官员和士绅的捐助。

如今处在石家角4号的丰备义仓得以重修,这是过去五处丰备义仓之一,它的新生对研究晚清民国的荒政有一定的价值。

云锦公所的崩解

因新冠疫情宅在家里,每天看看旧报作为消遣。有一天看到苏州的云锦公所在 1930 年底忽然解散,改组为丝织业同业公会了。为什么会发生这种改组呢?草蛇灰线,寻踪追索,宛如探案,最终发现背后竟发生了这样一系列的故事。

老九章首揭义旗

1930 年 5 月 10 日,《苏州明报》头版显著位置,突然刊出一则广告:

> 老九章绸缎局,自国历五月十二日起大拍卖,存货两星期照本八折,特别便宜,勿失良机。新货拥到,堆

积如山,牺牲血本,欢迎惠顾。

开设于西中市的老九章绸缎局,是苏州的一家专卖绸缎和洋货的老字号。广告刊出之后,就引起了同业、市民和媒体的普遍关注,因为此举有故意破坏行业规矩之嫌。

原来,当时苏州的纱缎业,有一个行会,叫作云锦公所。云锦公所历史悠久,可以追溯到明代。清代道光年间,由丝织、宋锦、纱缎业在祥符寺巷先机道院处合建了云锦公所。它和文锦公所、霞章公所等曾统属于七襄公所,地址是现在的艺圃。云锦公所的成员在民国初年曾共同订立了一个同业行规,为避免恶性竞争,绸缎业不允许擅自进行大拍卖、大减价等倾销行为,如果违反,要从重处罚,甚至开除出公所,让它在苏州站不住脚。这个行规一直被严格执行了很多年。

这里不妨看看天声绸缎局的例子。

1930年3月底,观西大街的天声绸缎局在《苏州明报》上发布了一个广告:

> 天声绸缎局
>
> 春季大廉价
>
> 三月廿六日起,赠送礼券大赠品,限期二星期,凡

购料满二元以上者,均有实用赠品;满洋廿元者,赠礼券一元,以此类推,登账一律赠送。廉价部买一尺放一尺。

整个广告,不敢涉及一点儿打折信息,只能在有限的范围内实行一点儿优惠活动。

那么,到了5月份,老九章的经理周铭甫为什么胆子这么大,冒天下之大不韪,"揭竿而起",成为第一个吃螃蟹的人呢?这可是风险极大、要被同业群起而攻之,甚至会被逐出苏州的举动啊。

恒大倒闭

事情的起因,说起来还与观前街上恒大洋货号的突然倒闭有关。

恒大洋货号乃苏州布业巨擘,曾坐苏州洋货号的第一把交椅。它的突然倒闭发生在1929年年底。

恒大洋货号的前身是恒大布号,成立于1920年3月,由百花巷潘家和金石家马寿石(名加龄)两家各出资一万,委托施少伯任经理,当年签订合同10年,1930年4月到期。

经理施少伯出身于悬桥巷的协记布庄,这是一家可以追溯到清代咸丰年间的历史悠久的商号。施少伯因机敏玲珑、诚朴勤谨见赏于老板,由学徒而升为经理,在苏州丝绸、布业中享有盛誉。施少伯搞经营很有一套,他长相俊朗,为人善于察言观色,接待女客,殷勤得体,服务周到,拢住了不少苏州大户人家女性的心,自然也得到了相当的回报,在苏州仕女中口碑极好。接掌恒大布号后,施少伯运用他的功夫,使得恒大布号营业鼎盛,潘家和马家都庆幸得人。

后来,恒大布号扩大经营范围,改名恒大洋货号。施少伯为了资金周转充裕,积极向外吸收存款,给予优厚利息,这种行为相当于如今的非法集资。这在当年是一种正常的金融行为,由于大商家存款的利率优于银行,且不受数额大小的限制,一般中产阶级就把手头的余钱存入大商家,就像入股一样,每年收取红利。恒大的周转资金充裕了,很长一段时间里,股东潘家和马家分了官利还有红利,伙友的薪水也比其他同业要优越。1929年的世界经济危机,影响到苏州的丝绸业出口,恒大的经营开始出现问题,施少伯的应对,无非是拆了东墙补西墙,甚至玩起了投机生意,窟窿越来越大。表面上却谁也看不出来,因为施少伯用了自己的亲信胡渭泉作司账,潘家和马家是甩手大掌柜,对恒大一向疏于监管。

与此同时,施少伯也发家了,除了妻子外,还娶了三房妾,分别是竺氏、曹氏和黄氏。他的豪赌烂嫖,也有声于阿黛桥畔。

1929年底,施少伯的十年合同即将期满,年前结账,恒大洋货号亏损严重,资不抵债,已经无法继续。施少伯自己也欠了十三万的债,知道末日已经到来,他毫不犹豫,忽然就人间蒸发了。施少伯抛家弃子,卷款潜逃,从此不知去向。事情报到苏州总商会后,马上成立了恒大洋货号债款清偿处,协调各方利益,准备用存货变现偿还债权人,还上法院控告了恒大司账胡渭泉。

经过清算,恒大洋货号的存货价值八万一千元,最终由天祥绸缎局的马宝笙和姚君玉两人盘下。

马宝笙是天祥的经理,而姚君玉则是大有恒的经理,两人受大有恒、乾泰祥、天祥、协记等商铺的代理人的委托盘下并处置恒大的存货。

恒大存货拍卖惹争议

马宝笙和姚君玉盘下了恒大的存货,资遣了恒大的店员,看着店堂里、仓库里的一大堆货品却犯了愁。好东西是皇帝的女儿不愁嫁,搬回自己的店里慢慢销售就可以,然而那些许久卖不出去的货品该如何尽快变现呢？马、姚两人一合计,决定在云锦公所的会议上进行公决,运用自己在公所的话语权,终于争取到同业成员的勉强同意,那些存次货(不包括绸缎)可以廉价出售,时间是两个星期。据《大光明》说:"马姚既盘受底货,遂不得不思出路,顾陈腐次货,舍大吹大擂大拍卖外,别无途径,乃商之大同行,以关店底货为前提,要求通融,准予拍卖。同行初不之允。马则极力设法,结果只允许其二星期。且不得以洋货绸缎为号召,马漫应之。"

4月初,《苏州明报》头版头条刊出了广告,《大光明》头版也同时刊出相同的广告:

拍卖恒大绸缎洋货广告
四月一号起大拍卖存货二星期照码七折
特别便宜勿失良机
地址观东大街　电话二四八号

广告甫刊,马上传遍了苏城,恒大本店立即挤满了人,营业大盛。有人说,苏州人好凑热闹,好揭便宜,绸缎洋货从不降价,这回赶上,岂能错过？不过,有心人和同业商家都发现,恒大的广告居然把绸缎放到了显要位置来招揽顾客,胆大妄为,为了私利故意违规。

这一年4月的同一时间,观前街上新开了一家大纶绸缎局,我们可以看到,即使是新开张的绸缎局,因为有行业约定在先,也不敢坏了规矩,擅自举办减价拍卖活动。只是向同业商家表示感谢,相当于现在开业,同业们送了贺礼和花篮,店家请了客,再说谢谢。

请看大纶绸缎局的开业广告:

> 敝局日昨开幕,荷承各界宠赐珍品,加以指导,既隆仪之拜领,复台驾之辱临,曷胜荣幸。惟款待不周,至深歉愧。特此鸣谢,诸希鉴原是荷。

暗潮汹涌,成功商人马宝笙、姚君玉此举已经引起同业的极大愤慨。

果然一周之后,恒大的拍卖广告悄悄地变了样子,不敢再提绸缎洋货了:

观前大街恒大化妆广货大拍卖
四月廿九日起削码再打七折十四天

这背后究竟发生了什么?《大光明》在5月3日刊出一

篇署名钵池的文章,透露了其中的秘密。

恒大中止拍卖之原因

观东恒大洋货号,自闭门后,其底货,由姚君玉马宝笙承盘,计共八万有奇。姚马等遂将菁华时货,各捡存留店中出售,余则仍借恒大旧址,举行拍卖,并广发传单,遍登苏地各报。果开始之日,生涯即异常发达,此为以耳代目之苏人惯例,未足为奇。惟洋货同业,前尝定有专条,攻守同盟,不得有拍卖廉价等情。数年来,皆能遵守,此遭马宝笙等虽藉口拍卖关店货,但以洋货绸缎为号召,似未免负首先破坏同业规定之嫌。因群起责问,马置诸不理,遂引起同行众怒,以马只顾一己之私,而不恤破坏同行规定,乃由七襄公所出面,召集阊门观前各同行在云锦公所开会,一致议决,对付马姚,并有主张以马当日为发起同业公会不得拍卖之中坚分子,今伊既首先破坏,我辈亦可各自行政,不必再受规定之缚束。群众一致,愤昂动人。旋事为马知,乃亟挽人疏通,决定即日起,停止拍卖。盖马以此为缓和群众之计。嗣又向商群众,谓底货已售之十九,今一旦停拍,殊无办法。请诸君原谅始终。余此番当避去洋货绸缎字样,仅以化妆品号召,故恒大二次拍卖底货,仅标二字,即基于此。不过实际方面,洋货绸缎仍照常出售,斯诚掩耳盗铃,狡哉商人之计也。微闻大同行方面,以马之手段,似太狠辣,殊未可长此以往,任其欺骗,将另有办法对待。以一般人之推测,恐洋货绸缎大同行,各自为政,举行大减价大价廉(按:原文如此)之期,或将不远耳。

钵池的文章说得不错,马宝笙的这次作为,使他和天祥成了云锦公所的害群之马,一旦规则被破坏,行业间的互信和互相约束也就崩坏无遗。

于是,就有了本文开头老九章的那个广告。

行规突破,互信难存

老九章的拍卖广告刊出后,马宝笙急忙来到老九章找老板周铭甫,质问他为什么擅自搞绸缎拍卖?周铭甫不慌不忙,对马宝笙说:

> 阁下(指马宝笙)身为经理,且尤能为令股东着想,不惜破坏团结,而为令股东谋利益,况阁下所藉词者,

为关店货。老九章为余独资所开,余当有主权,且余之店,俟拍卖后,是否继续再开,现亦未定,故余店之拍卖,谓为关店货,亦无不可,理直气壮。(见《大光明》1930年5月13日光杆之《老九章拍卖之索隐》)

这一番话,说得天祥经理马宝笙哑口无言,只得灰溜溜出了老九章的大门。从此,马宝笙在云锦公所的话语权尽失。此后,苏州的报纸上,步老九章后尘的绸缎业大廉价、大拍卖广告不时出现。

老九章率先打破不减价旧章后,苏州各绸缎同业进入了各自为谋、竭力竞争的混战阶段。天祥绸缎局作为观前绸缎业三鼎足之一(另两家是乾泰祥、同仁和),到1930年底,也进入了亏损行列,一共亏损达六万多元。

马宝笙过于为私利打算,破坏同业规则,搞得众叛亲离,成了云锦公所崩解的一个导火索。老九章的"起义",更加速了云锦公所的崩塌。

时代在变迁之中,商业经营模式也在变化中,同业之中的约束也已经成为明日黄花。苏州云锦公所必然地崩解了,不久改称丝织业同业公会,但改名也无补于事,已经再无力约束同业的经营行为。

余　波

1931年3月,《苏州明报》刊出启事:

天祥绸缎洋货局紧要启事

敝局因无意营业,办理结束,已于三月十九日起拍卖存货,所有各记存款务请于两星期内持折来局取款。储款以待,幸勿延迟为要。持有敝局礼券,亦请于四月八日以前凭票取货,逾期不候,合并声明。惟希公鉴。

一年不到,马宝笙立足不住,不得不关闭天祥绸缎局,彻底告别了绸缎业,转营房地产去了。

前门裁缝铺,后门"小飞虹"

谈苏州过去风情的文章可谓多矣,我只谈别人忽略的一点,大户人家的前门与后门。

近日看吴门包天笑的长篇小说《上海春秋》,故事的主要场景放在上海,故事却是在苏州开始的,于是,《上海春秋》里也就有了许多苏州元素。

包天笑在第一回就讲到这么一种苏州现象,引起我很大的兴趣:"……这也是苏城的一个风气了,凡是那种旧绅故宦的门口,别的店铺都不许开,却单单只许开成衣店。第一是自己可以打算少用一个门公;第二裁缝店就在门口,做衣服却便当些;第三到底也收进几个租金,因此苏州城里那些公馆宦宅门口开裁缝店的独多。"

这就解开了我以前读旧书报时的谜,旧时苏州,很容易在士绅家宅门口碰上裁缝铺。

1935年3月初,温家岸尤聘之家遇到"白日撞"抢劫,首先就碰到了裁缝铺:"尤家所居之屋,共有四进,第一进租与常熟万阿雪开设裁缝铺……"这尤聘之,就是作家、画家尤玉淇的父亲。这尤家,"不事生产,托庇祖业,有田千余亩,赖租米以为生",应该属于包天笑所说的"旧绅"门庭。他们的第一进果然就是开设裁缝铺的。

不妨再找一个例证,譬如故宦人家,俞曲园的曲园,位于马医科巷。他们的门闼间里是否也是一家裁缝铺呢?

1940年,昆山顾蔗园曾因为俞曲园一百二十岁诞辰,和友人一起走访了马医科巷的曲园,回来后写成《春在堂访问记》一文,他们一行在曲园门前居然也碰上了裁缝铺子:

> 宅在马医科巷的西端,是面向南的六扇头大墙门,门牌是二十五号。大门间内,赁了一家裁缝铺子;徐沈两君,既到了这里,还不敢轻于问讯,于是又推我当先。我向裁缝铺老板说明了来意,他也装出很欣然的斯文态度;并且说:俞家尚有一位老太太,她依然住在内进。因为我们表示要访问俞老太太,裁缝老板就喊了老板娘娘出来,做我们的向导。

看来包天笑说得不错,旧时苏州,旧绅故宦之家的第一进,也就是门闼间里,很多都是开设有裁缝铺的。

包天笑对这种现象总结了三点好处：其一是节省一个看门人，其二是做衣服方便，其三是还有一点租金收入。

这三点总结得似乎不够。首先，只要出租，总有租金收入，不仅裁缝铺有；其次，做衣服诚然方便，但如果开在隔壁和不远处，也没什么不便。大家庭做衣服一般都是请裁缝上门来的，张爱玲的小说里就描写过不少这样的场景，只有到二十世纪三十年代前后，上海的先施、永安等大公司出现，上海人做衣服才直接到店里，看中了布料，量体裁衣就一并做了。在保守古老的苏州，女眷做衣服一般都是把裁缝叫到家里的。

过去小说中总有小裁缝与女眷横量竖量，摸来摸去，裁缝"吃小姐太太豆腐"的描写，正是反映了当年的特色。因此，包天笑说的三条，其中两条不是门阆间"只许开裁缝铺"的充分条件。只有第一条代替门卫，乃是不错的。别的店家的伙计忙着业务，未必会为主人应门，而裁缝铺却实实在在地兼做了这件事。这从顾蔗园的描写就看得明明白白：裁缝老板不但认真应答，而且还喊了老板娘娘出来"做我们的向导"。

然而，这还不足以说明为什么只许开裁缝铺。

也许还有这样的考虑：裁缝铺比较安静、干净。裁缝待在店里的时间长，兼做门卫两不相误。而且，裁缝与财逢是谐音,比较讨喜。

苏州的住宅,坐北朝南,从大门进去,少则三进,多则五进到七进。每一进都是一篇文章的一个段落,前后有衔接,相对又独立。开出后门,是文章的结尾,横在眼前的是一条流动的河。是岁月悠悠,是流水汤汤。

杜荀鹤早在唐朝就抓住了苏州的特征,他在《送人游吴》中说:

> 君到姑苏见,人家尽枕河。
> 古宫闲地少,水港小桥多。
> 夜市卖菱藕,春船载绮罗。
> 遥知未眠月,乡思在渔歌。

这就是东方威尼斯。

姑苏人家枕的河并不宽,很多不过二三米而已,却是苏州城市生活的血脉:橹声咿呀,送来了柴、菜,还有夏天的西瓜,冬天的鱼虾。

前两天在文学山房和江澄波老先生闲聊,说起大户人家的后门,他说,河上都架有木桥。饮马桥秦龙水饺店后面的飞虹小筑,就是那时大户人家后门风景的遗型。就拿钮家巷来说吧,以前中间的河道上,也有七八座私家的木桥,简陋些的,就是有栏杆的平板木桥,富奢些的,像廊桥,看看飞虹小筑,就可以想象得之。

我站在旁边,心想,秦龙水饺店后面的飞虹小筑,与以前富家后门的木桥还是有点儿区别,因为它不是直通到街道的。木渎南街有个木桥,才是最好的例子:后门—木桥—街道。

木桥旁边,是后门口仆佣提水、洗衣洗菜的踏渡,也是一个人生离合的私家码头,主人或主人家的少爷作幕、为官、赶考、留学,都是从千百座这样的码头,登上那艘不买船票的小船,解下那根与家连系的缆绳。

夏天的傍晚,吃好晚饭,小姐、夫人都会到自家的木桥上乘乘凉,叫仆人到桥下停泊的乡下小船上买个西瓜、香瓜享用。水面上的熏风吹得人醉,就是蚊子太多,于是远远近近的木桥上,不时传来蒲扇驱赶蚊子的啪啪声。

夜色阑珊,水城苏州在静下去了……

老苏州人包天笑,对苏州人家后门的木桥也有深刻的记忆。他的《钏影楼回忆录》几次写到盛家浜后面河道上的木桥,那里有他的童年回忆,可以咀嚼往昔那淡淡的哀愁。

包天笑的表姐夫朱静澜住在盛家浜,他要在家里开门授徒,包天笑离开了家在此附读。那还是十九世纪末光绪初年,包天笑笔下的盛家浜是这样的:

我们儿童也喜欢盛家浜,那边开出门来,便是一条板桥,下面是一条河浜,虽不通船,可是一水盈盈,还不十分污浊。从板桥通到街上,一排有十几棵大树,这些大树,都是百余年前物了。尤其在夏天,这十余棵大树,浓荫遮蔽,可以使酷烈的阳光,不致下射。晚凉天气,坐在板桥上纳凉颇为舒适。板桥很阔,都有栏杆,沿浜一带,有八家人家,都有板桥,东邻西舍,唤姊呼姨……

包天笑在板桥上还邂逅了贴邻沈家的婉妙女子好小姐,"常常从他们的板桥,到我们的板桥来,我也到他们的板桥去,共相游玩"。十年后回忆此情此景,包天笑咏了一首诗,其中有"童心犹忆韶华好,流水斜阳旧板桥"之句,惆怅之心,似水流年。板桥承载着旧日相思。

盛家浜原是条断头浜,如今早已淤塞填平,泯灭了河流之迹象。日前重过,除了陶园焕然一新外,舒适故居之类,都面目全非。凭着包天笑笔下一百多年前的情思,后人却依旧可以构建那些大宅后门的风景:一排排的板桥,凌空飞架,夕阳影里,笑语喧哗,有兴奋,也有寂寞。

私家后门的木板桥,江澄波先生想了想,说只有饮马桥畔的飞虹小筑可以参考。过去到处可见,变化于他已经见惯不惊,仿佛街巷转角的一块石头,刻满了掌故与历史,于我们则是好奇,曾经有过这样的风景?当看《钏影楼回忆录》已经一惊,听江老先生讲起,却是再惊,还有多少我们不知道的过往,谁能说得清?不说也罢。

后来,很多河道都填了,很多房子都卖了或拆了,主人死了或走了,板桥自然无可附丽,变得稀有,直至很难再找到。沧海桑田本是自然之理,循环往复也是天道好还,如今平江路的中张家巷中间又开了河道,这里会应景地恢复几座板桥吗?

阔家头巷和阔街头巷

带城桥路东有一条东西向小巷,如今叫阔家头巷。

这条小巷通向古典园林网师园,其巷口西有沈德潜故居,如今用作昆剧传习所,网师园东,则有玄通寺,附近住着书家萧退庵,清朝时因避康熙皇帝玄烨的讳,改称元通寺或圆通寺,如今是一个私人会所。二十世纪二十年代末,费孝通和他的父母一家也居住于此。

这条小巷去网师园时经常路过,周围都是苏州小巷的典型风味,小巷深处,朝南不远处还有陆文夫先生的居所。巷口有一个标志牌,写着阔家头巷,下面还有它的简介。

一天早晨路过此巷,我发了这样一条微博:"阔家头巷,民国有写作阔家豆巷的。今天忽然想到,很可能过去有条阔街,这里是阔街的起头,故应名为阔街头巷。吴语中家、街发音近同。如今十全街后段是住家,过去是没有的,应从阔家衔接红板桥(今十中后门汉白玉桥)过桥转凤凰街。"

阔家豆巷的说法,印在民国报纸上,我写文章曾使用过,刊出后,有读者来信纠谬,认为错误,当作阔家头巷。我向他说明,我这么写是有根据的,出典便是在民国报纸上。1927年费孝通在《水荇》上写文章,也写成阔家豆巷。该读者虽没有再说什么,但我察觉到他内心并不服膺。

这且不去管它。

民国厘定地名、街巷名,要到二十世纪三十年代前后。在此之前,只有出版的地图上,旅游类书籍中,当然还有政府档案里,有固定的名字,并不像我们现在,每个路口、街巷口,都有路名标志,甚至每户人家的门口都有门牌。起码在1927年前,苏州的路名地名是基本固定的,但并不直接标明,而小街小巷虽然有固定的叫法,但不一定有固定的写法。虽然也有邮政、电报,甚至电话,但由于城市不大,居民相对固化,大家几乎都是老苏州人,低头不见抬头见,都是邻里乡亲,一条街或一条巷,住着相对固定的几家人,富人是哪几家,穷人是哪几家,姓什么叫什么,一目了然,所以邮递员并不会误投。

而这些街名巷名,苏州人自然用苏州话说,一听也很明白。如临顿路,总叫作伦敦路,养育巷,总叫作羊肉巷,人民路,以前叫护龙街,听起来也像是说卧龙街,又短暂叫过中正路,是为了纪念蒋六十大寿。还有乔司空巷,这个巷名,苏州人叫起来,颇不雅驯,仿佛是有龙阳之好的"同志们"的行为。

阔家头巷,如果由苏州人叫起来,就有下列这些可能:阔家豆巷、阔阶头巷、阔街头巷等等。因为没有向市民发布正式的定名,所以这么多写法,其实都对。起码读出来都是这么一回事,关键是苏州人一听就明白指的是哪里,这点绝不会舛错。

如今的苏州十全街,是二十世纪五十年代之后拉直并定名的。我这么说,或许会有人摇头。且慢,听我道来。我之所以这么说,是因为十全街过去分两段,第一段是大太平巷,从人民路口到乌鹊桥畔,第二段是十全街,从乌鹊桥东到带城桥、到葑门。这条街中间原先是一条河,分上塘和下塘,长洲路、滚绣坊和迎风桥巷是上塘,如今的十全街朝北的一排房子,过去反是街道,而如今的十全街,过去是房子,是经过拆宽了的。

如今的带城桥路,过去是一条小巷,叫带城桥巷。带城桥也就是一座小桥。反倒是十中后门的那座桥,过去是个木桥,叫红板桥,住在葑门或十全街后段的人到凤凰街去,往往走红板桥。

根据这些情况,我判断阔家头巷,很可能原称阔街头巷,即当年存在一条阔街,它的起头是这条巷,所以叫作阔街头巷。从字的组合上看,街头巷尾,街和头才配,家和头不配,而且用阔来形容家,也不是苏州人的习惯,苏州人叫发财人家总称富家或大富之家,阔一般用来形容宽度。

我发了那条微博后,我的朋友何文斌先生在网上和我说,这种说法有点道理,他可以去查查老地图。不久,他找到一张1914年的苏州地图,果然上面标的是阔街头巷。而这条阔街,就是我们现在看着狭窄不堪的小巷,它延伸到五龙堂的怀厚堂王宅的门口。

时光是最厉害的改造家,不过百年,这一带称为沧桑巨变也不为过。如今的年轻人大概会丈二和尚摸不着头脑,即使如我,也只能凭经验推断一番,所幸推断得并不离谱。

不妨摘录一下百度百科上对阔家头巷的介绍:

> 阔家头巷是苏州市城区东南部的一条街巷,古典园林网师园坐落于巷内。
>
> 阔家头巷位于苏州市带城桥路北段东侧,东接网师园南端,西出带城桥路。巷长191米,宽3—10米,1991年改弹石路面为水泥砖路面。
>
> 阔家头巷为网师园正门所在,传旧时巷内有圆通寺,称圆通巷。冯桂芬《苏州府志》作阔街头巷。清代居巷内多为贵人,用钱阔绰,故名。民国《吴县志》作阔

阶头巷。《苏州城厢图》标作阔家头巷。

由于没有统一定名,这条小巷在过去文人学士的笔下也有各种不同表述,不过我并不认可巷内多阔人,用钱阔绰的说法,这是后人想当然的说法,哪有一条巷子里的所有人都大手大脚、挥霍豪奢,被世人据为口实的?还是《吴县志》的说法更近事实。不过,街作阶,也还不错,因为这里近河道,或踏渡上有阔的石阶,从道理上也通。《苏州城厢图》则是按照吴语的读法写下来的,很意外地被如今的地名办援用了。

冯桂芬毕竟不凡,他编的《苏州府志》作阔街头巷,才是最准确的说法,因为这条巷在阔街的顶端,故更准确的说法是阔街头巷。

当然,由于历史沿革和使用习惯,地名分歧是很正常的事情,只要不妨碍交流和达意,大家马虎一点儿,生活才有更多情趣。

自由农场往事

刘家浜尤家,是苏州的大族,在近现代出过很多人物。清末,尤家出了一个尤先甲(1843—1922),字鼎孚,为清光绪二年(1876)举人,光绪九年(1883)丁忧回乡守制,就此脱离官场,在家乡办起了实业,成为苏州有名一时的富商。他曾连任五届苏州商会(全称苏州商务总会)总理(又称会长)。当年在苏州,尤鼎孚,由于谐音的关系,被苏州市民称为"尤顶富",是苏州人心目中的"首富"。我们今天到刘家浜尤家,还能看到代表官宦身份和世家大族的那已经残破不堪的竹丝墙门。

尤鼎孚有个儿子尤怀皋(尤家六少),1905年毕业于东吴一中,即赴美国留学,后考入康奈尔大学,学习畜牧专业和农业技术,获农学硕士学位。五年之后,胡适也赴美就读康奈尔大学农科,与尤怀皋有同学之谊,当是尤怀皋的后辈。1913年,尤怀皋学成归国,回苏州任农业试验场场长,一年后,受邀赴上海,任南洋路矿学校教授,后又在上海经营进出口贸易。1920年,尤怀皋在上海西部英租界康脑脱路29号,花了一万余银圆创办了一家占地六亩的自由农场牛奶公司。这家公司花了大价钱从欧洲进口优质奶牛,从两头渐渐增加到四十多头,投资也加增到三万余元,成为中国最先进的奶牛养殖场。据当年《商业杂志》(1927年第2卷第2期《自由农场牛奶公司之调查》,作者鸳池)报道,尤怀皋的自由农场的设施,足以和外国最卫生的牛奶棚相颉颃。公司生产的消毒牛奶,被评为上海最完备、最清洁、最上等之牛奶。(见1928年《图画时报》第523期)

1926年秋,尤怀皋的弟弟尤企陶(尤家七少)把哥哥的成功经验移植到苏州,在刘家浜西护城河畔开设苏州的自由农场,占地二亩。尤企陶没有走哥哥扩大发展畜牧业的路子,而是依托畜牧业,在餐饮业开疆拓土,实现他的商业野心。他要开设一个以自由农场为名的食品餐饮店。以"农场"作为餐饮店的店名,在苏州可说是一大创举。由于尤怀皋在上海把自由农场闯出了名头和声誉,才使得尤企陶敢于把"农场"开到市中心。

要追溯作为餐饮食品店的自由农场并不是一件容易的事,已经没有一个存世的知情者了,它经过多少变迁,有过多少周折,在将近一个世纪后的今天,变得相当迷离惝况。

后人只能在报刊的边边角角找寻哪怕一丁点儿的信息。

尤企陶先在北局青年会设立了一个食品部,出售自己生产的消毒滋养牛乳和咖啡等饮品。从青年会食堂中的一个食品部起步,尤企陶又在三层高的青年会楼上开设了一个食品公司。

1927年8月,自由农场在《苏州明报》上刊出广告,全录如下,酌加标点,以见当时的情况:

> 自由农场分设食品公司:自由农场之纯洁鲜牛奶摇制各种冰激淋及一切冷热食品,兼售各种冰汽水、果子露、西点等,名目繁多,无不精良,合乎卫生,定能使惠顾诸君满意。(另备便利券,每本售大洋一元,内分二角、一角五分、一角券三种,合小洋十三角) 地址观前街青年会楼上,电话五〇四号。

顺便说一句,当年制冰激淋,没有电动机器,完全靠手工,所以广告中称为"摇制"。

这样,到了1927年盛夏,自由农场在青年会中就有了两个门市,一个是青年会食堂的食品部,一个是三楼的食品公司。尤企陶还在大公园里设过一个季节性的冷饮专售商店,起名三民商店,因为不以自由农场作店名,此处不赘。

新开张的自由农场食品公司,用当时报纸上的原话来说,"实则农场乃一比较菜馆为小、点心店为大之不中不西小食店",略近于二十世纪四十年代闻名苏州的沙利文。

这一切与时任青年会总干事的尤敦信(字符赤)有关,在辈分上,尤敦信是尤企陶的堂侄,要喊尤企陶叔叔,凭着自己的权力,在不违背原则的前提下给叔叔开了一点儿方便之门。后来,尤敦信曾有出国留学之行,职务由殷新甫接任,后尤敦信归国,与殷发生龃龉,殷提出辞职,被挽留,随后,尤敦信离职他就,由殷新甫接任。在这来来去去的变化中,自由农场与青年会也有了离合变化。

时间到了1929年,尤企陶把眼光移向青年会外,随时准备另谋发展。正好兰花街(兰花街与观前街平行,在人民商场家电部后)的茶馆清风明月楼闭歇。尤企陶就把清风明月楼买下,进行装修布置,把青年会中的自由农场食品公司搬过来,改名自由农场,于该年12月15日开门营业。自由农场瞬即成为苏州闹市中最洋化的饮食店家,不但饮品部牛奶、咖啡全有,更具有酒楼的功能,细分为中菜部和西点部,可以办酒席宴客,一举成为苏州富家巨宅的绅士阔少、洋派太太小姐们常去的所在。据《大光明》报道说:"苏地食品商店中,革新之先锋,当推自由农场。……布置精雅,管理得法,实开新式料理之风气。"

为了专心经营新的自由农场，尤企陶主动关闭了青年会食堂里的食品部。1930年1月10日，《苏州明报》广告栏刊出启事：

自由农场分设食品公司启事

> 本公司观前街新屋落成，业于十八年十二月十五日开始营业，一切布置陈设均去旧更新，所有青年会食堂内全部生财（苏州话，指食堂各种设备），兹拟廉价出让，如有合意者，请于每日下午四时至七时驾临观前街本公司与陈蔚若君接洽可也。

清风明月楼成为自由农场后，就被人们戏称为自由楼。自由农场的全盛时期，苏州观前地区"咖啡座，独此一家"，很多从南京、北平（即北京，当时改称北平）、上海，甚至从国外留学归来，回到苏州故乡的沾染了洋气的摩登青年男女们，庆幸自己终于有了一个可以喝咖啡、吃大餐的场所了。

今天我们已经无法一一还原自由农场具体的经营项目，只能从当时的零星记载中略窥一二。譬如，它有食品单，相当于我们现在的菜单，供应牛奶、咖啡、鲜橙汁，以及印度红茶，价格是一壶一角五分，还有一种很奇怪的创新饮料:橘子四瓜司,每杯二角五分。一位自称乡下人的记者,曾到自由农场坐坐,点了一壶印度红茶。孰料仆欧(服务员)走过来说:"印度红茶,我们陈蔚若陈经理关照不能泡。"问为什么?原来这里起码要五角起消费,还外加小费。据记者说,自由农场货品的价格奇昂,十倍于点心店,记者"快然起立而退",回来后大叹自不识相。自由农场在当时苏州档次之高、之贵族化,由此可见。

因此,自由农场成了苏州之闺阁名媛、公子哥儿、缙绅先生常去的地方,如后来嫁给中国银行总裁贝淞生的蒋士云小姐(贝聿铭的继母),当她回到苏州,住在西百花巷老宅时,就经常和自己的姐姐、外交官夫人蒋织云同到自由农场流连。记者还看到费仲深在自由农场请客,庆贺女公子费令仪(法国留学生,东吴大学教授)学成归国。但见费令仪"温柔自裕,明秀难描。游学法京(巴黎),工文学,信是扫眉才子"。席间,费令仪还更换了服装:"女士初御绿色纤花长袍,黑绒外罩",入席时换成了"绛色长袍"。同席的还有费仲深的长媳大少奶奶(张紫东的女公子)、二少奶奶即袁世凯的孙女(袁皇孙女)等在苏州的大家闺秀。记者还特意描写了费仲深的亲家"袁皇媳":御杏黄乌绒旗袍,目架晶镜,年及五十,面团团是福泽雍贵之相。"皇孙女"修度绰约,端娴静庄,耳垂扇式钻环。由于自由农场不设包厢,所以这场

宴会让记者大饱眼福。(见海棠《农场宴娇记》)

自由农场在苏州的成功,引起了不少的效仿者。1929年夏,医生张卜熊见猎心喜,在附近开出了第二家"农场",名为合作农场。

随后,这种新式的餐饮食品店就在苏州火了起来,快活林菜社、爵禄宫酒菜家(在北局,1930年夏开张)、月宫一家家相继开张营业,且在自由农场的基础上进行了不少改进创新,譬如增加了自由农场所没有的包间,还推出了取名新颖甚至怪异的中菜,如薛礼叹月,现在已经没有人知道这是什么菜了。这样一来,使得自由农场的营业大受打击,少奶奶、小姐们有了多种选择,当然不会选择在厅堂里的众目睽睽之下吃吃喝喝,让自己成为别人眼中的风景,莅临自由农场的足迹就稀疏了不少。

自由农场的经营,还曾为自己准备了对手。一天,苏州华阳桥富豪许氏在自由农场用餐时,不小心碰碎了一把调羹,被仆欧要求赔偿。许氏认为自由农场慢客欺客,因此心生不满,发誓不再到自由农场用餐,当即改去了合作农场。最后许氏鉴于新式食品店之动辄慢客,决定自创一店,邀请崇真宫街陆氏各投资二千金,是为爵禄宫酒菜家。

1930年底,殷新甫也在青年会创办中西餐馆,取代了自由农场离开青年会后的空白。

自由农场的末期还见证了上海光华大学"皇后"、苏州名媛端木新民粉团团圆脸上的一个疤痕。1931年3月下旬,端木新民携弟妹同登自由农场之自由楼,"小饮既罢,竟倦言归,拾级下楼。是日,珠履高跟,骤然惊踬,乃仆矣。粉额触壁,朱血嫣然,惨浮眉梢……女士掩面登车,疾驰归寓。幸伤微,无恙。近日有见女士者,秀发拂荡中,创痕犹未豹移"。记者戏称这是为"自由"(指自由农场)付出了血的代价。端木新民在抗战时期以《中央日报》记者名扬重庆。她出现在自由农场,被小报记者记录,已是自由农场即将易主的前夕。

新式的西餐食品店在苏州纷纷崛起,竞争激烈,使得自由农场的生意大受影响。尤企陶心中不免有些懈怠,看见生意日趋冷落,更是灰心丧气,就有了出盘的想法。据说还有一个原因是,尤老太太念经佞佛,痛感杀生罪过,极力反对自己的子女开什么饭馆酒楼。尤企陶把自己的想法和经理陈蔚若一谈,却正中陈蔚若下怀。陈正想着把这个现成的局面接手下来,大干一场呢。不过,他手头的资金有限,乃找到盛家带的马文伯,两人合作招股,由马文伯出资三千元,占自由农场的一半股份,其余则分成很多小股,共花了六千元盘下了自由农场,仍由陈蔚若担任经理,人员概不更动。

这仅是开在兰花街的自由农场,并不涉及乡下那个真正的自由农场,但既然已经盘给了别人,在上海的哥哥尤怀皋认为这与自己的商标品牌有关,尤企陶是自己人,陈蔚若总是外人,现在苏州的自由农场食品公司既然易主,就不应该沿用他自创的这个名称。于是,自1931年6月1日起,自由农场改名为自然农场,一字之更,完成了易主的过程。

从此,作为餐饮店的自由农场画上了句号,而其后身自然农场,为了生存已经由苏州高档的餐饮店蜕变成为中下阶层市民进出之所了。

天下本没有不散的筵席,繁华消歇,舞台落幕,主人公们也聚散离合,跨入一个新的阶段。

自由农场的出现,是苏州餐饮业在传统格局中融入现代的一个开端。从这个意义上讲,自由农场的历史,也是苏州的开放与包容的一个缩影。

王引才怒沉五通神

吴宫故地,山水明瑟,钟灵毓秀。然而,吴俗民间信仰素重邪神淫鬼,譬如五通神就是其一。五通神,又名五圣、五显灵公、五郎神,唐宋以来,即有记载。但石湖上方山五通神,则与其他地方的有所不同,是我们当地特有的神祇,相传源于元末明初朱元璋的五个将卒。明代田艺蘅《留青日札》云:"或谓明太祖定天下,封功臣,梦阵亡兵卒千万请恤。太祖许以五人为伍,处处血食。命江南家立尺五小庙,俗称为五圣堂。"

清代蒲松龄把它看作"淫鬼",《聊斋志异》中有《五通》一篇,认为五通神和北方的狐仙一样,危害百姓:"南有五通,犹北之有狐也。然北方狐祟,尚百计驱遣之;至于江浙五通,民家有美妇,辄被淫占,父母兄弟,皆莫敢息,为害尤烈。"

历史上敢于向五通神宣战的地方官吏,为数不多,清代有康熙名臣汤斌,民国则有县长王引才。

汤斌毁五通神,一向为吴地文化界人士称赞。

《清史稿·汤斌传》说:"斌令诸州县立社学,讲孝经、小学,修泰伯祠及宋范仲淹、明周顺昌祠,禁妇女游观,胥吏、倡优毋得衣裘帛,毁淫词小说,革火葬。苏州城西上方山有五通神祠,几数百年,远近奔走如骛。谚谓其山曰'肉山',其下石湖曰'酒海'。少妇病,巫辄言五通将娶为妇,往往瘵死。斌收其偶像,木者焚之,土者沉之,并饬诸州县有类此者悉毁之,撤其材修学宫。教化大行,民皆悦服。"

王士禛《池北偶谈·毁淫祠》记汤斌毁五通,是听从了王士禛的建议:"康熙丙寅,擢江宁巡抚都御史汤斌礼部尚书掌詹事府事。汤濒行,疏毁吴下淫祠五通、五显、刘猛将、五方贤圣等庙,恭请上谕,勒石上方山。得谕旨通行直省。初,汤以阁学迁巡抚,过予邸舍,予为言吴中妇女,好入寺院烧香,首当禁止,汤以为然,在吴遂力行之,风俗一变。若淫祠一节,尤于世道人心裨益不小。……"

可见汤斌毁的还不仅仅是五通,连关系到农业生产、消弭蝗灾的刘猛将也一锅端了。

清代褚人获《坚瓠集》之《毁淫祠》还写到了汤斌禁止烧香之后,又是如何把神像沉河的:"苏俗酷尚五通神,供之家堂。楞伽山鼓乐演唱,日无虚刻,河南汤公抚吴,严为禁止。

乙丑九月公往淮上,值神诞,画船箫鼓,祭赛更甚于昔。公归闻之,立拘僧至,将神像沉于河。茶筵款待,一概禁绝。"

褚人获的说法是汤斌公出回苏,顺便灭了五通。其实,汤斌并不鲁莽,还是先奉了皇帝的命令。

然而,专制社会,往往人亡政息。所以,后来又有了王引才怒沉五通神的故事。

王引才,名纳善,嘉定南翔人,前清廪生。历任育才书塾、南洋中学师范教员、上海教育会会长、上海工程局议董、上海市议会议员、副议长等职。国民政府在南京成立后,钮永建任江苏省主席,茅祖权任民政厅长,经其从弟、教育家王培孙举荐,于1926年6月出任吴县首任县长(北洋政府设县知事,国民政府时期才有县长之称,所以他是吴县第一任县长)。

王引才在苏州做了一年半左右的县长,报纸上对他的风评总的来说还不错,只是说他"临老入花丛",因此惹出了些雅事趣闻来,多少属于"大德不逾闲,小德出入可也"的范畴(王在苏州,曾眷苏州妓女黑皮老七,又称杨老七其人)。1928年10月29日,《佛尔摩斯》刊出一篇《王引才去后之吴县新县长》,说到王引才:"王引才令尹,既长吴县,雅事趣闻,流传一时。若临老入花丛之闲情逸致,至今犹脍炙人口,称为风流韵事,而吴宫花草,亦无不沾其雨露。王氏之政声功绩,于此得其一斑。"这话说得颇有调侃味道,好像他的政绩都来自走马章台似的。关于王引才之去职,该文认为与钱大钧有关:"至此次王氏所以特然免职者,实因钱大(原文如此,漏一"钧"字)氏一言之力也。先是驻军七旅旅长赵锦雯开苏时,曾因营房事,赴县公署谒王。至内厅,遇一庶务员李晋笏,告以故。李固专办兵差者,初不知赵为旅长也,即慢声答之曰:县长不见客。如是者再。赵大愤,诉诸钱氏。钱氏乃电告省方,不得要领。复电省曰:我非军人干政,今以省政府委员而发言,我党国间决不能容此老朽之官僚也。而王氏遂不安于位矣。"新军人与老书生的理念在此碰撞,王引才自然不敌受宠于蒋介石的新军人了。

怒沉五通神是王引才在吴县任上做的最著名的一件事。

原来,汤斌虽然把五通神投入了石湖,且立碑永禁,但人走茶凉,汤斌离开苏州后,当地老百姓五通神的信仰依然绵延不绝,不久就死灰复燃,塑像烧香,乌烟瘴气。考其原因,乃在于上方山五通神两个特有的"神通"之处,即解钱粮和借阴债。

所谓解钱粮,也即存库,就是每年定时前去神前焚化纸楮锡箔,到了阴间后就有数不尽的钱财可以享用。而借阴债呢?等于是向阴间预先借钱,只要每年定时同样焚化纸楮锡箔作为偿还,就可以在接下来的生活和经营中利市百倍。也就是说,只要虔诚,你只需花费一点儿小钱,就可以换来无穷的财源,这是中国人一向做的无本万利的发财好梦。

每年阴历八月十八,是石湖看月和上方山烧香的日子。1928年这一天,吴县公安局局长郑诚元(字贞吉)出告示严行禁止女巫跳神和民间解钱粮与借阴债活动。"如有故犯,立即拘拿,严惩不贷。"

然而上有政策,下有对策,照例如此。

上方山的应对之策是延期举行。而这一延期,恰好撞到了王引才的枪口之上。

据《晶报》上的《王引才投沉五通神》(署名曼妙。引者按:此系包天笑笔名)一文说:

> 近以民政厅颁布新章,各县长每半年须巡行各市乡。吴县县长王引才君,于前日方巡视洞庭东西两山归,以汽船拖带官舫而行,浏览沿途秋色。忽见上方山巅黑烟夭矫,问之船人,则云此当是有人烧香焚库也。以十八日为官厅禁止,故展期举行。王县长心恶此辈巫觋之行,且欲一觇其异,乃抄新郭里。果腹后,汽油船鼓轮至上方山脚下。彼本携有公安队士十二人以

往,令二三人留守船中,带八九人上山。则所谓五通庙者,仅有一年青之僧与香伙二人在寺支持。其住持僧法名中书,管领石湖一带,如治平寺等均属之也。王县长见五通塑像,问是何神?则以仙老爷对。问何谓仙老爷?则以圣母生子五人,均为仙老爷。问圣母何在?则曰在塔中。上方山本有一宝塔。王县长请一瞻圣母。于是启钥登塔,则果有一偶像,貌甚美丽,珠冠绣袍,而双趺甚纤。县长与公安队长某君同登塔,因语之曰:君敢抱此偶像下乎?不敢,则我自己动手。某君曰:诺。方应声间,即挟此圣母于腋。尔时珠冠飘零,绣袍狼藉矣。乃塔上方扑其像,而所谓五通殿上之队士,一齐动手,五偶像均断肢绝胆。王县长临行,语寺僧曰:"石湖风景最佳,上方亦绝幽秀,不宜着此邪魔,有玷湖山。我今为汝取去。"乃将圣母及五通之像,捆扎一巨裹,携入船中。轻轻悄悄,恐惊乡人,过横塘古渡,乃命投之河中。

王县长怒沉五通神的经过如上,记者得诸采访,或不无想象之词,然与事实八九不离十。关于此事的记载甚罕,值得珍视。

1928年的阴历八月十八,是这年的10月1日,该文刊于1928年10月10日上海《晶报》,则此事当发生于1928年10月2日到9日之间。

王引才曾就此事发表谈话:"汤文正文章道德,彪炳后世,其毁五通,不过一事耳。惟在今科学昌明之世,我辈自学校教育出身者,此为至无足轻重之一事。窃愿从此扫除以后,勿再有作俑者耳。"

扫除迷信,需要强烈的自信,这在汤斌不易,在王引才也何尝容易。巧合的是,此事发生后不到一个月,王引才就被迫去职,继任者是江苏省第一届县长考试的第一名彭国彦(原籍江西)。于是,有人就说这是王引才得罪了五通神之后的报应。

王引才如果看到,不知作何感受?

民间信仰,不登大雅之堂,从施政角度来看,破有破的道理,立又有立的理由,但关乎一个现代社会是提倡科学还是崇奉迷信的问题,值得深长思之。

同治元年横泾镇的"押字宝账"

我看史料,往往只关注细节,免不了俗话说的"捡了芝麻丢了西瓜"之讥。明察秋毫,不见舆薪,大体如是。这里准备写写苏州横泾镇在同治元年时兴的押字宝账,或许可以具体证明上面这句话对于我是如何的正确。芝麻有芝麻的美丽,西瓜并不具备,秋毫有秋毫的端丽,粗陋的木柴怎么能比?关键是历史中的细节,相对大事记而言,更加生动有趣,更能见出人性的本质,也更能吸引我阅读的注意力。

横泾镇就是苏州四十多里外的横泾社区,现在好像属于临湖镇,还是临湖街道?这几年行政区划变动得厉害,我这辈人已经不想详细搞清楚了,以不变应万变,自有固定的记忆无可取代。横泾是我爷爷、爸爸的故乡,也是我的旧游之地,亲切得了如指掌。

这里只谈押字宝账,同治元年横泾镇时兴的一种押宝猜字谜的赌博游戏。

资料来自一个叫蒋寅生的人的日记。他是苏州人,外家在横泾。太平军占领苏州后,他的母亲和亲戚纷纷从城里避居横泾。当时,横泾并未给太平军占领,而是由当地枪船帮控制。枪船帮,是当年的地方武装,游走于太平军和湘军、淮军之间。作为地方势力,即地头蛇,他们的实力不足,但灵活机动,熟悉当地情况,善于填补统治空当。在政治上并无坚持,不免东倒西歪,骑墙,依势,在太平天国势力不及之处,在湘军、淮军无法兼顾之地,枪船帮就顺势而出,他们有枪有船,在江南水乡的狭窄河道里,来去倏忽,简直便利极了。

横泾就是枪船帮统辖的一个地方。

同治元年春,蒋寅生从上海来到横泾省母。四月初二从上海上船,一路停停走走,直到廿一日才到横泾。蒋寅生是一个好赌之人,到横泾的第二天,就投入了他的押字宝账的赌博。他先介绍押字宝账的大略情况:"朝在房间押字宝账,其宝共有三十四门,俱是话物等类,且话物又有别名,所以押者需多打几门,如能押着者,一文可赢三十文。"押宝地点有两处:镇里的城隍庙、混堂内。

横泾城隍庙,原名义金庙,在今重建义金庙址。过去的城隍庙,一度规模很大,有仪门、酬神戏楼、大堂、二堂等,东路有北阴殿,祀瘟将军,与古人之消极防疫密切相关,只是光想着凭借神力,只能求得心理安慰罢了;后面是观音殿;西路乃横溪书院,供着朱熹木主和朱天菩萨坐像。这位朱天,据说就是明末崇祯皇帝,张口突目,披发跣足,形容夸张,很是不堪。中国人缅怀故主,却往往漫画化,似乎是为了蒙蔽清朝耳目。

横泾是小地方,上下塘夹一河,如果河是香肠的话,上下塘的街道就是热狗的两块面包,把河道紧紧地夹在中间。如果把河道忽略,那么河两边的两条街道加上通连两街的桥,正好是一个 H,现在不兴西化,也可以,那就是一个工人的工字形。这是江南小镇最常见的格局,是水运经济的产物,如今却永远衰落而去了。城隍庙就处在上下两横北岸的点上。

混堂就是澡堂、浴室,大众洗澡的地方。在横泾,大概也就一个,在东街的起头不远处。小时候我还去过几次,揭开棉门帘,走进去,是买票的柜台,几分钱一张浴票,分男区和女区,各有路径。且说男区,一个换衣间,屋子中间生着带排烟装置的煤炉子,四周靠墙是一排排不知什么时候传下来的老式躺椅,头部旁各带个木箱,天花板上挂着浴客长长短短、大大小小的衣裤,浴客们多花点儿钱可以泡茶,不花钱可以躺着休息。刚进来的浴客,往往忙着脱衣解带,浴毕的客人则一领浴巾缠身,躺在躺椅上打盹。裸体太多,看不过来,记得有一个老头,脱下衣服裤子,抖落下一层皮屑,地板上像飘雪撒盐,惊得我至今印象深刻。

里面再分内外,冷水区和大池。浴室的大池还是清朝形制的馒头顶,我曾写过一篇介绍晚清苏州的澡堂的文章,可以参看。当年见到的横泾浴室,虽然肯定不是蒋寅生笔下的那个,但我潜意识里觉得很可能还在老地方没动过,只是很可能已经翻造了几次,而形制依然很传统而老旧。大池里热气蒸腾,氤氲迷幻,照例通风不畅,在浴室泡大池澡,体质差的人往往透不过气来,必须不时地走到冷水间透口气,不然真的晕倒,冤沉池底,被"混堂公公"吃剩白骨一副。这是我的个人感觉,毕竟年纪大了,无非留下一点儿回忆而已。

城隍庙和混堂都是人来客往的公共场所。押字宝账这种赌博游戏摆在这里是很自然的。

且听蒋寅生继续介绍:"(押字宝账)一日仅开三次,先有题目一枚,或一句,或二句,与打灯谜无异。"蒋寅生举了个例子,"龙桥兴隆启手长,玉山草地春名后",有 34 种谜底可猜可押,结果谜底是一个象字。

在横泾这样的乡下,蒋寅生也算有点学问,见过世面,父亲还是一个当官的,在安徽寿州被太平军杀死了。他看了上面的谜面,也觉得莫名其妙,说"余不解其中之故"。虽然弄不懂,他还是喜欢看,"到城隍庙吃茶,看押宝者喧闹异常,皆枪船上人所起,略看而回"。枪船帮是当地的实权团体,所以赌场也都是他们开的。

其实谜面太玄妙也挺正常,一目了然,人家还怎么做生意,岂不要赔光老本?虽然把握不大,蒋寅生也想搏一搏,赌徒心理都是这样。

蒋寅生和他的朋友跃跃欲试,次日就参了赌:"午膳后,偕少稷、少愉至城隍庙吃茶,看押宝。晚雨,见宝上题云:'一十年来贫转富,二十年来富转贫。'遂偕少愉至庙中押宝,岂知开看是蟹,未得押着,回家天已暮。"

"一十年来贫转富,二十年来富转贫。"为什么是蟹?我也不知道。蒋寅生也觉得奇怪,所以用了"岂知",但不像上面那个"龙桥兴隆启手长,玉山草地春名后"的谜底是象那样感觉突兀。

我们终于可以对这个"押字宝账"赌博有了一些直观的了解。同治元年苏州郊区的横泾,有一帮人就是这样在玩,就像现在很多人在玩扑克、玩赌博机、玩麻将一样,玩得同样投入。

第三天,蒋寅生的兴致更大了,听说城隍庙宝上的题目是:"花园内相见,胸中挂紫衣。"这次他们不把鸡蛋放在一个篮子里了。蒋寅生说动他的母亲拿出一百六十文钱,母亲出了钱也就有了发言权,就命他连押十八门。六母姨也拿出三十文,叫他代押一门。蒋寅生兴头头地赶到城隍庙,把母亲的十文押在王坤山上,把六母姨的三十文也押了王坤山。开宝出来,王坤山果然对了,一文赔三十文,四十文一下子就赢了一千二百文,换句话说,他们总共拿出一百九十文钱,最后赢了一千余文。蒋寅生解释说:王坤山,是虎的别名,所以对了。

过去有一句话:太平为皇帝为龙,坤山为宰相为虎。或许这就是坤山为虎的出典吧。虎头上还有个王字,所以是王坤山。但"花园内相见,胸中挂紫衣"为什么就是老虎呢?一百多年前的人玩的游戏,感觉很隔膜。

王坤山其实应该是黄坤山,有一个流传于世的名单是这样的:

> 林太平,名地,飞龙精,赵匡胤转世,做皇帝,对元贵,坐正顺天申,坐太平,冲吉品,败只德;
>
> 林根玉,名素,蝴蝶精转世,太平女吊死鬼,对九官、正顺,冲合同,败明珠;
>
> 陈吉品,白羊精,杨六郎转世,道士榜眼,名岩,八十老人,对九官,冲元贵,败天申;
>
> 张援桂,田螺精,李世民,吉品之子,榜眼,名平,对

茂林,坐青云,冲青元,败元吉、明珠;

陈逢春,白鹅精,孙二娘转世,援桂长子,文状元,名金,对光明,坐只德,冲日宝,败元吉;

陈荣生,鸭母精,武松转世,援桂次子,探花,名笔,对合海,坐上招,冲安士,败正顺;

陈日山,鸡公精,武吉转世,援桂家中砍柴人,名崇,对天龙,坐元吉,冲天申,败元贵;

陈安士,狐狸精,天尊女转世,半男半女,尼姑,畲客母,名连,对元吉,坐合同,冲太平,败天申;

张元吉,黑牛精,八十老人,榜眼,名炳,对安士,坐青元,冲汉云,败只德;

张九官,猴哥精,三槐之子,饮酒而死,名宰,对根玉,坐井利,冲青云,败坤山;

张合海,青蛇精,乌犬转世,援桂家丁,名丁,对荣生,坐光明,冲元吉,败天申;

张万金,白蛇精,石崇转世,无裤穿,名态,对志高,坐光明,冲合同,败安士;

李日宝,鼋鱼精,李太白转世,哑口人,名明,对明珠,坐茂林,冲太平,败只德;

李汉云,水牛精,关公转世,日宝之子,名声替,对青元,坐青云,冲太平,败只德;

李明珠,蜘蛛精,张四姐转世,日宝之女,名察,对日宝,坐日宝,冲根玉,败只德;

郑天龙,石牛精,杨五郎转世,和尚,名床,对日山,坐坤山,冲援桂,败志高;

苏青元,草鱼精,李元崇转世,名元,对汉云,坐有利,冲天申,败元贵;

周青云,黄牛精,伍子胥转世,主考秀才,名云,对坤山坐汉云,冲志高,败元吉、援桂;

程必得,老鼠精,程咬金转世,名琪,对福桑,坐荣生,冲九官,败合同;

翁有利,白鳖精,姜子牙转世,八十老人,名牙,对只德,坐逢春,冲正顺,败合同;

刘井利,乌龟精,刘知县转世,剃头人,名瑶,对占魁,坐援桂,冲汉云,败元吉;

共江祠,蜈蚣精,土地公转世,瞎目人,和尚,唱道情,名琦,对天申,坐天龙,冲日宝,败元吉;

双合同,双燕精,顾大嫂转世,与正德呈通情,名英,对上招,坐合海,冲汉云,败元吉;

宋正顺,猪牡精,姚光转世,杀猪人,名法,对根玉,坐明珠,冲元吉,败只德;

罗只德,乌狗精,罗韵转世,磨镜人,名条,对有利,

坐安士,冲日山,败元贵;

王志高,黄狗精,黄巢番王转世,做贼人,名生,对万金,坐吉品,冲汉云,败江祠;

赵天申,猪母精,赵云转世,撑船人,名钱,对江祠,坐太平,冲荣生,败合海;

朱光明,虾公精,诸葛孔明转世,教打人,名石,对逢春,坐必得,冲志高,败只德;

黄坤山,老虎精,王吉转世,做贼人,名城,对青云,坐元贵,冲元吉,败青云;

徐元贵,蛤蟆精,徐庶人转世,秀才中状元,对太平,坐志高,冲只德,败福桑;

吴占魁,鲤鱼精,吴三桂转世,文武状元,名桃,对井利,坐福桑,冲天申,败汉云;

马上招,猫公精,穆桂英转世,女上将,名桂英,对合同,坐万金,冲安士,败天申;

方茂林,皇蜂精,方茂才转世,和敞烧圩人,名拯,对援桂,坐青云,冲根玉,败明珠;

田福桑,花狗精,阳公转世,和尚,做长工,名才,对必得,坐天申,冲明珠,败只德。

看看就好,我看了还是不知所云,不过黄坤山是老虎精倒是真的。

这次押对,蒋寅生很高兴,马上再押一个。题目是:"万官家里坐,算我第一个。"大家议论纷纷,都认为是老鼠,因为"鼠总不出门,且是生肖上起首之物",于是都押了老鼠。结果下午开出来居然是猪。蒋寅生大失所望。猪这个谜底,想必来自这个意思:家字,宝盖下面一个豕字,可见这个家是猪第一个坐在里面,万官迟迟而来。呵呵,也有点儿道理。

四月廿五,蒋寅生又说动母亲加入。他母亲又拿出了一百六十文。这回的题目是:"一门三进士,四季生财。"大家觉得是鹿,但又有点儿疑惑,所以不敢全押一门。决定在鹿上押一百文,在别的谜底上分别押十文或二十文。蒋寅生到了现场,却又忐忑,临时决定在鹿上只押六十文。宝开出来,果然是鹿,"因鹿之别名周青云,青云总得路",所以能四季生财。这次蒋寅生赢了一千八百文,但大为懊丧,因为没有听从母亲的建议,如果一百文押鹿,则可以赢取三千文了。这里讲鹿是周青云,与上文所引中的周青云是黄牛精大不同,可见横泾的押字宝账另有脚本。

在城隍庙押了几天,有输有赢,蒋寅生换了地点,又来到混堂押宝,输个精光。于是,五月初六再到城隍庙押宝。这次押宝,因为押对的人太多,庄家无利可图,两方大起争执,差点儿动手。蒋寅生回家和母亲说切不可再至庙中押宝。虽然这么说,这赌,蒋寅生却一时还戒不了,几天后仍偷偷去押,输多赢少。这时横泾不太安定,浦庄有了太平军"打先锋"的队伍(笔者按:打先锋是指小股太平军前来抢夺),蒋寅生对押字宝账的迷恋渐渐淡化,到这年的八月二十,蒋寅生辞别母亲,离开了横泾,日记中就不再谈押字宝账了。

蒋寅生笔下的押字宝账,在别处又称为打花会,相传起源于明末,到了清朝,翰院中人拈出三十六位古人作射鹄,题诗一句作谜面,互相竞猜,射中获奖,类似于猜灯谜。此种游戏,流入民间,成为赌博的一种,流行开来,逐渐演变成字花。据唐鲁孙《说东道西》载:"道光初年,国事承平已久,广东水师各舰艇,每天除了出一两次操,整理内务,清理舰艇之外,日常无事。水兵总是三五成群,相率登岸游荡,不是酗酒闹娼,就是斗殴滋事,弄得鸡飞狗跳,民怨沸腾。还经常与绿营军冲突打群架,几乎酿成巨变。时任总督蒋军门向时任总督衙门总巡的熊某问计,熊某指出,水师兵丁多半好赌,可以用赌羁系他们的身体,不让他们离船惹事。由于船上不能公然开局涉赌,于是想出了在陆地上开厂设局,参赌者在船上下注坐等。"据说打花会就是当年水师船上水兵赌博之一种。如此看来,同治元年江南一带的枪船帮里有清军水师的成分。

清代嘉庆、道光年间的知府黄安涛写过一首竹枝词《打花会》:"打花会,花门三十六,三日又翻覆,空花待从何处捉,一钱之利十倍三,奸巧设饵愚夫贪,一人偶得众人慕,坑尽长平那复悟。夜乞梦,朝求神,神肯佑汝,梦若告汝,不知厂中饥死多少人。初一起,三十止,送汝棺材一张纸。"其与横泾的押字宝账同中有异,异中有同,可以参考。打花会在民国初年被彻底禁绝了。

前一阵我到横泾去,老街上相当寥落,只有几家无人光顾的小店,几个路边闲望的老人。街道中间的水流依旧,燕子重来,往事东流,不要说同治元年蒋寅生的足迹,就是四十年前我的身影,也如烟似幻,无从捉摸了。

图书在版编目(CIP)数据

茗边怪谭 / 黄恽著. — 南京：南京大学出版社，2022.2
ISBN 978-7-305-24603-6

Ⅰ.①茗… Ⅱ.①黄… Ⅲ.①中国历史—近代史—掌故 Ⅳ.①K250.6

中国版本图书馆CIP数据核字(2021)第126965号

出版发行	南京大学出版社
社　　址	南京市汉口路22号　邮　编　210093
出 版 人	金鑫荣
书　　名	**茗边怪谭**
著　　者	黄　恽
责任编辑	陈　卓
印　　刷	南京爱德印刷有限公司
开　　本	787×1092　1/32　印张 8.625　字数 176千
版　　次	2022年2月第1版　2022年2月第1次印刷
ISBN 978-7-305-24603-6	
定　　价	52.00元
电子邮箱	Press@NjupCo.com
网　　址	http://www.njupco.com
官方微博	http://weibo.com/njupco
官方微信	njupress
销售热线	025-83594756

版权所有，侵权必究
凡购买南大版图书，如有印装质量问题，请与所购图书销售部门联系调换